Du 17 au 24 9bre 1894.

COLLECTION
HENRI BAUDOT

CATALOGUE

DES

TABLEAUX & OBJETS D'ART

ET DE HAUTE CURIOSITÉ

COMPOSANT

LA COLLECTION DE FEU M. HENRI BAUDOT

Ancien président de la Société archéologique de la Côte-d'Or
Chevalier de la Légion d'honneur,

DONT LA VENTE AUX ENCHÈRES AURA LIEU A DIJON

RUE DEVOSGE, N° 1

Du 14 au 24 novembre 1894, à midi et demi

PAR LE MINISTÈRE DE M° BRENOT, COMMISSAIRE-PRISEUR, ASSISTÉ DE
M. TAGINI, EXPERT
ET DE M. MASSON

EXPOSITION PUBLIQUE DU 6 AU 11 NOVEMBRE 1894, DE 1 HEURE A 4 HEURES DU SOIR

---

*Exposition particulière pour les personnes munies du catalogue illustré,
les mêmes jours, de 9 à 11 heures du matin.*

On trouvera le Catalogue à Dijon, à l'Hôtel des ventes, 46, rue des Godrans,
chez M. TAGINI, expert, 1, rue de la Banque, et chez M. MASSON, 18, rue Victor-Dumay.

DIJON
IMPRIMERIE DARANTIERE
RUE CHABOT-CHARNY, 65

1894

CONDITIONS DE LA VENTE

Elle sera faite expressément au comptant.

Les acquéreurs paieront cinq pour cent en sus du prix d'adjudication.

L'exposition de cinq jours mettant le public à même de se rendre compte de l'état des objets, il ne sera admis aucune réclamation une fois l'adjudication prononcée.

M. TAGINI, expert, 1, rue de la Banque, à Dijon, et M. MASSON, 18, rue Victor-Dumay, rempliront les commissions qu'on voudra bien leur confier.

On trouvera le catalogue :

A Paris : 1° Chez M. Mannheim, expert, rue Saint-Georges, 7.
        2° En l'étude de M⁰ Duchesne, commissaire-priseur, rue de Hanovre, 6.
        3° Aux Bureaux du *Journal des Arts*, rue de Provence, n° 1.
        4° Aux Bureaux de la *Gazette de l'Hôtel Drouot*, rue de Provence, n° 8.

ORDRE DE LA VENTE

MERCREDI 14 NOVEMBRE 1894.

Tableaux	Nos 2, 4, 5, 9, 10, 13, 16, 19, 24, 26, 33, 35, 39, 43, 91 à 96, 104 à 106, 108, 109, 111, 119, 121, 122, 125, 127 à 129.
Ivoires	328, 331 à 340, 343 à 346, 354 à 357.
Bois sculptés, coffrets . . .	590 à 594, 598, 602, 604, 605, 612.
Armes	617 à 626, 633 à 635, 656 à 665, 669, 673 à 683.
Boites.	698 à 710, 718 à 724, 736 à 740.
Bijoux	756 à 770, 780 à 785, 787, 790 à 792, 796 à 815, 883 à 895.

JEUDI 15 NOVEMBRE 1894.

Tableaux	Nos 44 à 47, 49 à 53, 56 à 59, 71 à 78, 131 à 137, 148 à 151, 157, 158, 160 à 162, 171 à 178, 246 à 251.
Ivoires	323 à 325, 329, 347 à 353, 370 à 373, 380 à 388.
Emaux	421, 424 à 428, 430 à 435, 451 à 454, 457 à 460.
Bronzes	483 à 485, 487, 488, 493, 494, 497, 506 à 511, 532 à 534, 536, 541 à 544, 547, 548.
Meubles et bois.	556 à 559, 561 à 563, 565, 566, 570 à 574.
Coffrets	599, 600, 606 à 608, 613.

Armes	627 à 632, 637, 644 à 651, 653 à 655, 685 à 689, 692 à 696.
Boîtes	712 à 714, 717, 725 à 730.

VENDREDI 16 NOVEMBRE 1894.

Tableaux	N°s 6, 8, 11, 13, 14, 20, 22, 23, 27, 28, 31, 34, 36, 37, 40 à 42, 48, 54, 79 à 90.
Ivoires	374 à 377, 389 à 390, 392 à 395.
Émaux	463 à 469, 474, 478, 479.
Bronzes	512 à 522, 526, 528.
Meubles en bois, coffrets. . .	551, 553, 560, 564, 575, 576, 579 à 583, 585 à 589, 601, 611.
Boîtes	711, 731 à 733, 735, 741, 742, 746 à 749.
Bijoux, camées.	771 à 777, 816 à 825, 896 à 899, 940 à 949.
Faïences.	1094 à 1104, 1148 à 1152.
Étoffes	1153 à 1159, 1161, 1166 à 1169.
Miniatures	1172 à 1178, 1181, 1184, 1190 à 1196.
Dessins	1221, 1222, 1225 à 1237, 1255.

SAMEDI 17 NOVEMBRE 1894.

Tableaux	N°s 138 à 143, 147, 152, 163 à 166, 168, 184 à 188, 191 à 196, 205 à 207, 211 à 216.
Ivoires	358, 363 à 369, 379.
Bois	568, 595.
Armes	667, 668.
Boîtes	751 à 753.
Bagues, camées	826 à 830, 900 à 914, 950 à 954, 957 à 970, 1004 à 1006.
Marbres	1011, 1021, 1022, 1025 à 1029.
Terres cuites	1040, 1041, 1044 à 1053, 1059 à 1064.
Faïences.	1105 à 1119, 1221 à 1125.
Dessins	1238 à 1242, 1249 à 1254, 1256, 1257, 1264, 1266.
Plaquettes	1392 à 1395, 1401, 1403 à 1408.
Médailles.	1425 à 1433, 1436.
Jetons	1922.

LUNDI 19 NOVEMBRE 1894.

Tableaux	N°ˢ 1, 3, 7, 17, 18, 21, 25, 29, 30, 38, 55, 60 à 64, 67, 68, 97 à 99, 107, 110, 112, 114, 115, 267 à 274.
Ivoires	311 à 313, 316 à 318, 320, 327, 341, 342, 359, 360.
Émaux	397 à 401, 404 à 406, 409 à 414, 417 à 419, 423, 429, 437, 438, 442 à 445, 461, 462, 470 à 473, 475 à 477.
Bronzes	481, 486, 489, 491, 492, 495, 500 à 502, 504, 505, 523 à 525, 529 à 531.
Meubles, bois, coffrets	567, 577, 578, 609, 610.
Armes	615, 616, 636, 638, 639, 666, 670, 671, 684, 690, 691.
Boites	715, 716, 734, 743 à 745, 750, 754.
Bagues, camées	831 à 840, 971 à 980.
Marbres	1010, 1013 à 1017, 1019, 1020, 1023, 1024.
Faïences	1090 à 1093, 1120, 1126 à 1128, 1130 à 1133.

MARDI 20 NOVEMBRE 1894.

Tableaux	N°ˢ 12, 65, 66, 69, 70, 100 à 103, 113, 116 à 118, 120, 123, 124, 208 à 210, 275 à 279, 290 à 294.
Ivoires	306, 314, 315, 319, 321, 322, 361, 362, 378, 391.
Émaux	402, 403, 407, 408, 416, 436, 439 à 441.
Bronzes	480, 482, 496, 498, 499, 527, 537 à 540, 545, 546.
Meubles bois	549, 550.
Coffrets	597, 603.
Armes	640 à 643, 622, 672.
Bijoux, camées	778, 779, 786, 788, 789, 841 à 852, 915 à 924, 981 à 990.
Marbres	1009, 1030 à 1039.
Faïences	1089, 1134 à 1140.

Etoffes	1162 à 1165, 1170.
Miniatures	1179, 1180, 1182, 1183, 1185 à 1189.
Dessins	1210 à 1214.

MERCREDI 21 NOVEMBRE 1894.

Tableaux	N°s 32, 126, 130, 144 à 146, 153, 154, 159, 167, 169, 170, 217 à 224, 280, 281, 284, 285, 287, 295 à 300.
Ivoires	310, 330.
Émaux	415, 446 à 450.
Bronzes	490, 503, 535.
Bois	569.
Bijoux, camées.	735, 793, 853 à 870, 925 à 927, 991 à 1000.
Terres cuites	1042, 1043, 1056 à 1058, 1065 à 1070.
Miniatures	1160, 1197, 1198, 1200 à 1205.
Dessins	1223, 1224, 1243 à 1248, 1258 à 1260, 1265, 1267, 1280 à 1300, 1381 à 1391.

JEUDI 22 NOVEMBRE 1894.

Tableaux	N°s 155, 156, 179 à 183, 189, 197 à 202, 225 à 245, 282, 283, 286, 288, 289.
Émaux	420, 422.
Meubles et bois	554, 584.
Armes	614.
Bijoux	794, 795, 871 à 880, 928 à 935.
Marbres	1007, 1008, 1012.
Médailles	1434, 1435, 1437 à 1470, 1508 à 1531.
Terres cuites antiques . . .	1532. Partie de 1533.
Collection mérovingienne. . .	1550 à 1644, 1645 à 1661, 1662 à 1672.
Médailles	1673 à 1796, 1923 à 1930.

VENDREDI 23 NOVEMBRE 1894.

Tableaux	N°s 190, 203, 204, 252 à 260, 303 à 307.
Ivoires	326.
Meubles	552, 697.

Bijoux camées	881 à 884, 936 à 939, 1001 à 1003.
Terres cuites, faience	1071 à 1080, 1144 à 1147.
Miniatures, dessins.	1206 à 1209, 1261, 1262, 1301 à 1341.
Médailles.	1471 à 1507.
Terres cuites.	partie de 1533.
Bijoux.	1548, 1549.

SAMEDI 24 NOVEMBRE 1894.

Tableaux	N°ˢ 261 à 266.
Émaux	455, 456.
Terres cuites	1081 à 1088.
Dessins	1342 à 1380.
Plaquettes	1396 à 1400, 1402, 1409 à 1424.
Terres cuites	partie de 1533, 1534 à 1547.
Monnaies.	1773 à 1924, 1930.
Minéraux, hist. nat.	1932, 1933.

Il sera passé en vente, au commencement et à la fin de chaque vacation, des objets non compris au catalogue.

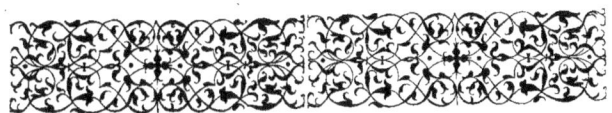

NOTICE

La collection dont nous donnons ici le catalogue a été commencée par M. Louis-Bénigne Baudot, à la fin du siècle dernier, alors qu'il n'était pas sans danger de recueillir ces anciens souvenirs des temps passés. Il avait ainsi rassemblé une magnifique collection d'objets d'art et de manuscrits, provenant pour la plupart des monuments détruits par la Révolution ou des établissements supprimés par elle.

A sa mort survenue en 1844, ce précieux dépôt fut partagé entre ses deux fils, MM. Félix et Henri Baudot. M. Félix Baudot vendit peu après, en 1852, une partie des beaux objets qui lui étaient échus en partage et légua le reste à l'hospice de Beaune qui en fit opérer la vente aux enchères publiques en 1883.

M. Henri Baudot, non seulement conserva tous les objets qu'il tenait de son père, mais encore augmenta de nombreuses pièces cette collection.

Lorsqu'en 1832, il commença l'exploration du cimetière mérovingien de Charnay qu'une rare bonne fortune lui permit de pratiquer sur son propre fonds, c'est-à-dire sans épargner l'argent, ni son temps ni sa peine, et avec tout le soin et toutes les précautions que commandait une si précieuse découverte, M. l'abbé Cochet, le savant explorateur de nos tumuli, affirmait que c'était la plus riche et la plus complète des collections mérovingiennes qui eussent été découvertes. Elle est encore aujourd'hui la plus intéressante réunion de ces rares objets, curieux témoignages de l'art et de l'industrie aux premiers temps de notre histoire nationale.

Dans le rapport qu'il adressa à la Commission des Antiquités sur les découvertes faites à Charnay, M. Henri Baudot s'est révélé non seulement archéologue érudit, mais encore dessinateur habile.

Un pareil ouvrage aurait suffi à la réputation d'un savant archéologue, cependant,

— X —

toujours infatigable, M. Baudot s'assurait en 1846 la possession de tous les objets que l'on trouvait alors dans les fouilles de Brochon près Gevrey, et il en fit, ainsi qu'il avait déjà fait pour Charnay, une description et une iconographie qui a été également imprimée dans le cinquième volume des mémoires de la Commission départementale des antiquités de la Côte-d'Or.

Doué d'une remarquable faculté d'organisation, possesseur d'une collection sans rivale, au moins dans quelques-unes de ses parties, M. Henri Baudot reportait encore sa sollicitude sur la Commission archéologique dont il fut président pendant 40 années. Il était depuis longtemps correspondant du ministère de l'Instruction publique. Aussi sa perte fut vivement ressentie de ses collègues et M. Garnier, notre savant et si sympathique conservateur des Archives départementales, terminait un discours auquel nous avons emprunté la plus grande partie de ce qui précède, en disant :

« La Commission des Antiquités a perdu en M. Baudot un président dévoué, la science un archéologue éminent, les beaux-arts un connaisseur éclairé, la société, je ne saurais trop le répéter, un homme de bien. »

Les amateurs nous sauront gré sans doute d'appeler leur attention sur les pièces les plus importantes de cette précieuse collection.

Dans les tableaux le n° 3 de Jean de Bellegambe dont Michiels fait mention dans l'Art flamand au xv° siècle, ainsi que du n° 12, triptyque de Broederlam, petite merveille de conservation et de finesse. Les n°s 133 et 134, charmants petits intérieurs de Lallemand, dignes du pinceau de Chardin. Le n° 189, beau portrait du chancelier Phélyppeaux, par Rigaud.

Dans les ivoires. Le n° 309, la fameuse plaque consulaire du v° siècle que les anciens auteurs reconnaissent être celle du consul Stilicon et le n° 310, l'Olifant avec son étui en cuir gravé provenant des Bénédictins de Dijon.

Dans les émaux Champlevés, les n° 397 à 401, cinq plaques circulaires provenant d'un coffret, le n° 408, grand reliquaire du xiii° siècle.

Dans les émaux peints de Limoges, les n°s 439 et 440, plaques circulaires, le roi Arthus, et Judas Macchabée de Colin, la curieuse plaque n° 441, Jupiter de Jean de Court.

Dans les bronzes antiques, le n° 480, statuette de Bacchus, que l'on portait dans les cérémonies et fêtes de ce Dieu. Le n° 481, le bras, fragment d'une statue de femme.

Dans les bronzes d'art, le n° 503, groupe de deux lutteurs. Les n°s 498 et 499, statuettes d'empereurs romains, xvi° siècle.

Dans les meubles, le n° 549, beau meuble bourguignon du xvi° siècle et la table à éventail de même époque, n° 550.

Dans les coffrets, le n° 517, grand coffret fer à lames ajourées du xv° siècle. Dans les armes, le n° 614, le splendide colletin cuivre repoussé, ciselé et doré de la fin du xvi° siècle. Dans la coutellerie, le n° 666, le couteau portant la devise et le nom de Tabourot; le n° 670, le couteau à défaire de la maison de Thiar ; le n° 668, couteau et fourchette aux armes de Bouton de Chamily. Dans les bijoux, le n° 755, ceinture en argent des sires de Joinville. Dans les marbres et pierres sculptées, le n° 1012, beau retable d'autel triptyque de la fin du xiv° siècle, provenant de l'abbaye de Cluny. Dans les terres cuites, le n° 1042, deux groupes de trois figures de Clodion; le n° 1038, le groupe enfant qui pleure son oiseau de Lecomte, signé et daté, et enfin, pour terminer, la merveilleuse collection mérovingienne des objets trouvés à Charnay.

Nous avons essayé de donner dans ce catalogue une idée la plus exacte possible de chaque pièce importante; pour en faciliter la compréhension nous avons joint une douzaine de photographies représentant les objets qui nous ont semblé les plus intéressants et nous espérons que notre travail, malgré son imperfection, aura l'approbation des amateurs; tous nos efforts ont tendu à obtenir ce résultat.

TAGINI.

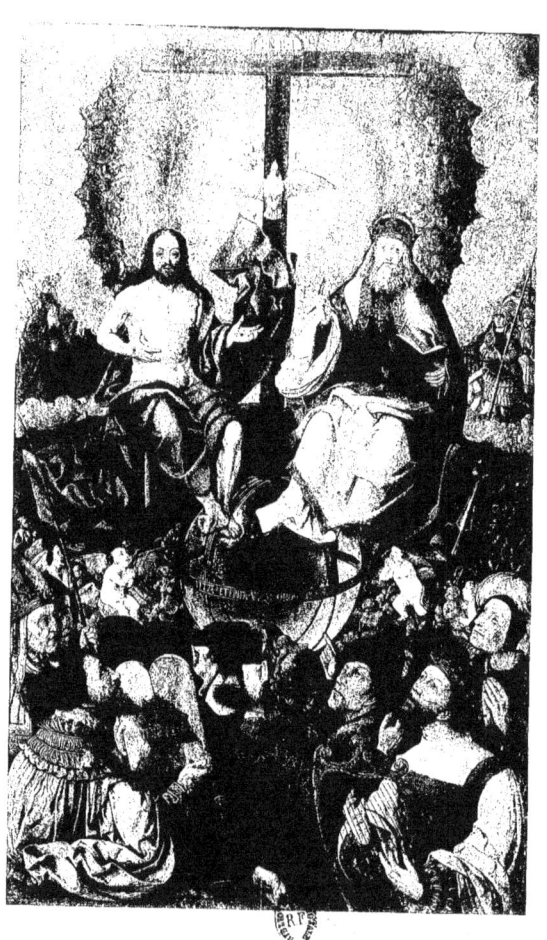

Nº 3. — JEAN BELLEGAMBE. *La Trinité.*

CATALOGUE

DE

LA COLLECTION DE FEU M. BAUDOT

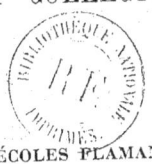

TABLEAUX
ÉCOLES FLAMANDE, HOLLANDAISE ET ALLEMANDE

BALEN (Henri Van), né en 1560 † 1632.

1. — Les quatre éléments.

Un groupe de quatre figures symbolisant les quatre éléments, celle de droite tient une corne d'abondance d'où s'échappent les fruits de la Terre, une autre s'appuie sur une urne laissant couler l'Eau, au milieu se présente le Feu et la quatrième au-dessus figure l'Air.

Peinture sur marbre blanc ; beau cadre ancien, bois sculpté doré Louis XIV.   h. 0^{m}46, l. 0^{m}62.

BALEN (Jean Van), né en 1611 † 1654 (attribué à).

2. — Sainte Marguerite.

Elle est debout foulant un dragon sous ses pieds, elle tient une palme de la main droite, relève son manteau de la main gauche.   Cuivre, h. 0^{m}33, l. 0^{m}24.

BELLEGAMBE (Jean de Douai) † 1520.

3. — La Trinité.

« Une grande croix, tronquée par le haut, occupe le sommet : vers le milieu du fût plane
« sur ses ailes blanches la colombe mystique, au-dessous sont assis Jehova et le Christ,

« ayant tous deux pour marchepied un même globe transparent, au milieu duquel est une
« inscription. Dieu le père tient de la main gauche un livre ouvert appuyé sur son genou,
« et lève la main droite pour bénir l'espèce humaine, suivant le rite occidental avec
« trois doigts étendus. Le Messie présente aux spectateurs sa main gauche transpercée,
« indique de sa main droite son flanc qui saigne, et tourne son pied droit de manière à
« en montrer la blessure.
« L'ordonnateur des choses porte un costume lilas, le médiateur un manteau rose jeté sur
« son épaule, qui laisse le buste nu et enveloppe de ses replis le bas du corps. A droite et
« à gauche de ces deux personnages divins sont agenouillés sur les nues les vainqueurs
« du péché, les héros de la foi, prêtres, ermites et chevaliers. Le Saint-Esprit a une
« escorte plus mystique, une immense auréole circulaire formée par plusieurs bandes
« coloriées où dominent le jaune et le rouge, environne son emblème traditionnel, et est
« environnée elle-même d'une bande de nuages où l'on voit fourmiller une multitude
« d'anges et de chérubins. Telle est la partie supérieure. Au-dessous du globe de cristal
« brillant là se trouvent groupés les prophètes et les juges de l'ancienne loi, Moïse, Aaron,
« Gédéon, David et leurs collègues bibliques. Dans l'intervalle, voltigent de petits anges…
« etc... L'exécution de ce tableau justifie pleinement le surnom de maître des couleurs
« donné à l'artiste par ses contemporains, elles sont de de plus agencées avec une grande
« coquetterie, que la parfaite conservation du tableau permet de constater et d'apprécier.
« Ce que j'en pense, dit M. Michiels dans son Histoire de l'art flamand des xv° et xvi°
« siècles, page 58, vous avez l'œuvre de Bellegambe la plus irréprochable et la mieux
« conservée qui existe. »

Bois, h. 0^{m}85, l. 0^{m}51.

BLOEMEN (Van Peter), XVII° siècle.

4. — Un cheval.

Un beau cheval roux; au fond divers monuments; vue d'une ville.

Bois, h. 0^{m}36, l. 0^{m}27.

BOTH (Jean), né en 1610 † 1656.

5. — Paysage.

Sur le premier plan, deux bergers se reposent tout en gardant leurs troupeaux, à droite, des arbres. Au fond paysage et montagnes.

Toile dans un cadre rond, diamètre 0^{m}54.

BRAUWER (Adrian), né en 1608 † 1640.

6. — L'avare.

Vu à mi-corps devant une table, il tient à deux mains serré contre lui un sac d'écus.

Bois, h. 0^{m}22, l. 0^{m}17.

BREUGHEL (Johann), dit de VELOURS, né en 1575 † 1642, et Van KESSEL.

7. — Vénus et Vulcain.

Au premier plan, éparpillés en désordre, des pièces d'armures, des armes, des vases et divers objets, à gauche, des animaux de toutes espèces, au milieu Vénus assise sur des nuages tient de la main droite une sphère céleste, près d'elle Vulcain.

Nº 12. — MELCHIOR BROEDERLAM. *Triptyque.*

Au second plan, à droite, des ouvriers occupés de travaux de forge, au fond, paysage dans le ciel de nombreux oiseaux.

Cuivre, h. 0m33, l. 0m65.

8. — La tentation de Saint Antoine.

A gauche le Saint agenouillé est entouré de démons, l'un lui présente une jeune fille richement costumée, un autre un verre plein, à droite, un pittoresque paysage.

Cuivre, h. 0m22, l. 0m32.

BRILL (Mathieu), né en 1550 † 1584 (attribué à).

9. — Saint François d'Assise.

Le Saint est à genoux, en prière, élevant les yeux vers le ciel, ses mains et la poitrine portent les stigmates du Christ.

Cuivre, h. 0m33, l. 0m25.

BRILL (Paul), né en 1554 † 1626.

10. — Paysage.

A droite, au milieu d'une forêt, des soldats se reposent, le mousquet posé crosse à terre, le canon élevé sur une fourche; à gauche, un paysage accidenté.

Bois, h. 0m88, l. 1m38.

11. — Saint François d'Assise.

Il est à genoux en prière, il porte les stigmates, fond de paysage.

Bois, h. 0m34, l. 0m26.

BROEDERLAM (Melchior), peintre du duc Philippe le Hardi, fin du XIVe siècle.

12. — Triptyque.

Le panneau du milieu, de forme quadrilobée, présente, sur un fond d'or uni, le père Eternel assis dans une stalle richement ornementée, la tête nimbée, vêtu d'une longue robe de brocart d'or à dessins de couleurs, couvert d'un ample manteau bleu, les bras étendus tenant le Christ sur la croix, le Saint Esprit plane et descend sur le sommet de la croix. Aux quatre angles arrondis des anges portent les attributs de la passion. Le volet de droite présente, divisé en deux parties superposées : dans le haut saint Mathieu assis dans une chaire à dossier bas, au-dessous est saint Marc écrivant ses évangiles, le lion est devant lui. — Le volet de gauche, de même disposition, présente dans le haut saint Jean avec l'aigle, au-dessous saint Luc avec le bœuf, sur fond d'or damassé.

Voici maintenant l'appréciation et la description que M. Michiels a données de ce triptyque dans l'Art Flamand aux XVe et XVIe siècles, dans le midi et l'est de la France, 1877.

« La similitude du travail doit faire regarder comme étant de Melchior Broederlam un
« retable possédé en ce moment à Dijon par M. Baudot, retable qui provient de la Char-
« treuse. Le panneau du milieu a une forme quadrilobée, il représente Dieu le père ou
« plutôt le Christ jeune, frais, agréable à voir, la tête ornée de longs cheveux blonds assis
« sur un trône en pierre sculptée; de ses deux bras étendus il tient sa propre image,

— 4 —

« un crucifix entre les genoux ; dans les coins du tableau quatre anges, deux debout et
« deux assis portent les instruments de la passion. Les volets offrent aux spectateurs
« les quatre évangélistes assis sur des bancs à dossier en pierre sculptée. Non seule-
« ment les types, la facture, la couleur des chairs, la forme des yeux rappellent avec
« exactitude les panneaux du musée de Dijon, mais un fond d'or gaufré presque iden-
« tique cerne les personnages. »

Voilà donc deux œuvres bien authentiques de Melchior Broederlam, œuvres précieuses puisqu'elles nous montrent en partie les débuts de l'art flamand et qu'elles ont bravé, pour parvenir jusqu'à nous, cinq siècles de durée.

Bois, h. 0^m35, l. 0^m66 ouvert.

CRAESBEEK (Joost Van), né en 1608 † 1641.

13. — Un buveur.

A mi-corps, appuyé sur une plinte il tient à deux mains un broc de bière, fond de paysage. Signé à gauche de son monogramme, C. B.

Bois, h. 0^m19, l. 0^m16.

CRANACH (Lucas), né en 1472 † 1553.

14. — Portrait de Frédéric III, duc et électeur de Saxe.

Il a la tête tournée de trois quarts à gauche couverte d'un chapeau, la barbe et les moustaches blanches, il porte une robe et un manteau garni de fourrures ; au-dessus à gauche les armes de la Saxe, plus bas le monogramme, au-dessus, à droite, les armes personnelles. Au bas une inscription portant la date 1523.

Bois, h. 0^m365, l. 0^m25.

DENNER (Balthasar), né en 1685 † 1747.

15. — Tête de vieillard.

La tête nue, cheveux gris, regarde à droite. Signé à gauche, Denner f.

Toile, h. 0^m45, l. 0^m36.

16. — Tête de vieillard.

Vue de trois quarts, tournée à gauche, vêtement entr'ouvert. Signé du monogramme.

Bois, h. 0^m42, l. 0^m33.

EYCK (Jean Van), né en 1390 † 1441. École des Van Eyck.

17. — Ecce homo.

A mi-corps, la tête entourée de rayons dorés, trois sont terminés en fleurs de lys, couronné d'épines, manteau rouge sur les épaules, les mains liées tenant un roseau de la gauche, un fouet de lanières et d'épines de la droite.

Bois, h. 0^m33, l. 0^m22.

18. — Diptyque. Le Christ et la Sainte Vierge.

Vus à mi-corps sur fond doré, le Christ la tête nue entourée de rayons dorés, cheveux retombant sur les épaules, de la main droite levée il bénit ; le volet de gauche présente la Vierge la tête couverte d'un voile bleu retombant sur la robe, elle joint les mains dans l'attitude de la prière. Sur le volet de droite, au revers, le monogramme du Christ, entouré de rayons dorés sur fond bleu.

Bois, h. 0ᵐ20, l. 0ᵐ15.

EECKOUT (Gerbrandt Van Den), né en 1621 † 1674 (attribué à).

19. — Sainte Magdeleine.

Elle est à genoux, les bras croisés sur la poitrine, prête à recevoir la communion qu'un ange lui apporte, à droite un crucifix, à gauche des arbres.

Peinture sur ardoise, h. 0ᵐ26, l. 0ᵐ21.

20. — L'entrée des catacombes (dans le genre de).

Dans une grande excavation de rocher, on voit quelques tombeaux, et devant un mausolée au fond, deux personnages agenouillés prient.

Toile, h. 0ᵐ52, l. 0ᵐ70.

FRANCK ou FRANCKEN (Franz) dit le Jeune, né à Anvers en 1581 † 1642.

21. Hippocrate refusant les présents d'Artaxercès.

Artaxercès entouré de divers personnages offre à Hippocrate des vases d'or richement travaillés et posés à gauche, cadre ancien, bois sculpté doré.

Cuivre, h. 0ᵐ41, l. 0ᵐ31.

FRANCK (Franz et SEGHERS (Daniel), (attribué à).

22. — La décollation de Saint Jean.

Dans une couronne formée de fleurs variées, Salomé présente la tête de Saint Jean à Hérode assis devant une table avec trois autres personnages.

Cadre bois noir à moulures guillochées.

Bois, h. 0ᵐ60, l. 0 47.

GRIEF (Anton), XVIIᵉ siècle.

23. — La chasse.

Au premier plan, un chasseur et des chiens devant de nombreuses pièces de gibier abattues et posées à terre. A droite, au second plan, on voit des chasseurs, puis à gauche, des arbres et le paysage.

Signé à droite A. Grief f¹ ; toile, h. 0ᵐ73, l. 0ᵐ92.

GRIEF (A.) (attribué à).

24. — Aigle dévorant un canard.
   Fond de paysage.

   Toile, h. 0m38, l. 0m28.

HELLEMONT (Van M.), XVIIᵉ siècle.

25. — Intérieur de boucherie.

   A droite, près d'une cheminée, deux personnages regardent un garçon boucher portant sur l'épaule la masse de fer, auquel une servante présente un verre plein. Devant un jeune garçon tient d'une main son tablier plein de pommes, et de l'autre lutine un chien debout. Au milieu, un bœuf ouvert pendu écarté, à droite, divers ustensiles, une jeune fille devant une échelle au-dessus est monté un garçon.

   Signé à droite M. V. Hellemont; toile, h. 0m58, l. 0m81.

HOLBEIN (Hans), le jeune, né en 1498 † 1554 (attribué à).

26. — Portrait de Calvin.

   La tête nue, il porte toute sa barbe, un large col blanc entoure la tête, vêtu d'une robe noire couvert d'un manteau.

   Bois, h. 0m27, l. 0m35.

MAHUE (Van), Wilhem, XVIIᵉ siècle (école flamande).

27. — Intérieur de cabaret.

   A droite, des personnages se livrent au plaisir de la danse, d'autres jouent de divers instruments, au centre et à gauche des buveurs attablés.

   Signé au bas au milieu V. Mahue; toile, h. 0m57, l. 0m82.

MARTELLENGE (Etienne), était professeur de peinture à Lyon, en 1560.

28. — Portrait de Pierre Phœnix, professeur de droit canon en l'Université de Dôle, où il devint conseiller au parlement en 1556.

   Il est vu en buste, la tête couverte du bonnet des docteurs, il porte toute sa barbe, un col rabattu sur un vêtement garni de fourrures.
   Au revers de ce panneau on lit Stephanus Martellengius faciebat pro amico caricimo (sic) et la date MDLXI, ces deux dernières lettres un peu effacées — au-dessous Petrus Phenix senator Dolanus. Martellenge fut le père du célèbre architecte de ce nom, né à Lyon.

   Bois, h. 0m43, l. 0m39.

MATSYS (Quinten), né à Anvers 1640 † 1531 (attribué à).

29. — Ecce homo.

La tête entourée de rayons dorés, couronnée d'épines, le corps couvert d'un manteau rouge que le Christ retient de ses mains croisées sur la poitrine, vu à mi-corps. Peinture d'une grande délicatesse et suavité de pinceau ; très beau cadre, bois sculpté doré, époque Louis XIV.

Cuivre, h. 0^{m}26, l. 0^{m}20

30. — La mère de douleurs.

La Vierge, la tête entourée de rayons dorés, couverte d'un long voile blanc retombant sur la robe bleue, les mains recroisées sur la poitrine.

Pendant du précédent, mêmes dimensions et encadrement.

MICHAU (Théodore).

31. — Paysage.

A droite, sur un monticule des arbres, une route et quelques personnages, à gauche, une mare où viennent s'abreuver des animaux, au fond un paysage.

Bois, h. 0^{m}46, l. 0^{m}46.

MIERIS (Guillaume), XVIIe siècle.

32. — Le marchand de marrons.

Il tient une balance de la main droite, pendant que de la gauche il prend des marrons tout en causant avec une acheteuse, qui lui montre du doigt le haut de la balance, le fond et le plafond ainsi que le devant sont garnis de diverses marchandises. Tableau d'un précieux fini.

Toile, h. 0^{m}36, l. 0^{m}36.

METZU (Gabriel), né en 1615 † 1658 (attribué à).

33. — La belle endormie (attribué à).

Elle est assise mollement étendue, la tête renversée sur un oreiller, à côté sur une table, une mandoline, un broc et une coupe pleine, au fond, une servante congédie un importun près d'une porte ouverte.

Bois, h. 0^{m}16, l. 0^{m}14.

NETSCHER (Constantin), né en 1670 † 1722 (attribué à).

34. — La Sultane.

Elle est debout regardant en face, la tête couverte d'un turban ; elle porte une longue robe blanche avec ceinture brodée en or, un grand manteau garni de fourrure la recouvre presque entièrement.

Toile, h. 0^{m}70, l. 0^{m}47.

NEER (Eglon Vander), né en 1643 † 1706 (attribué à).

35. — La pose du portrait (attribué à).

Dans un atelier de peintre, l'artiste examine le modèle, jeune fille assise tenant un verre de la main droite.

Toile collée sur bois, h. 0m20, l. 0m14.

OTTO MARCELLIS, XVIIe siècle.

36. — Nature morte.

Des plantes diverses et des insectes.

Toile, 0m33, l. 0m43.

POELENBURG (Cornelis), né en 1586 † 1667 (dans le genre de).

37. — Diane au bain.

A gauche une figure de fleuve s'appuie sur une urne d'où l'eau s'échappe ; à droite Diane assise s'essuie ; elle est entourée de ses nymphes, au fond on voit Actéon suivi de son chien.

Bois, h. 0m24, l. 0m27.

PORBUS (François) (attribué à).

38. — Portrait d'Henriette de Balzac, marquise de Verneuil.

Elle est debout dans un riche costume, col et manchettes dentelle, de la main gauche elle tient un éventail.

Toile, h. 0m18, l. 0m15.

39. — Portrait de Luther (attribué à).

Bois, h. 0m16, l. 0m135.

REMBRANDT (Van Ryn), né en 1608 † 1669 (dans le goût de).

40. — Tête de vieillard.

Vue de buste, la tête nue inclinée de face, couvert d'un manteau de fourrure.

Bois, h. 0m18, l. 0m14.

ROTTENHAMMER (Johann), né en 1564 † 1608 (attribué à).

41. — La Sainte famille (attribué à).

La Vierge est assise tenant sur ses genoux l'enfant Jésus, il embrasse le petit Saint Jean, aux pieds un mouton et des fleurs, à gauche sur une table une corbeille de fleurs, fond de draperies.

Cuivre, h. 0m22, l. 0m18.

RUBENS (Pierre-Paul), né en 1577 † 1640 (dans le goût de).

42. — Martyr de Saint Paul, esquisse.

Le bourreau s'apprête à lui trancher la tête, des anges lui présentent l'un la palme, l'autre la couronne des martyrs.

Toile, h. 0m36, l. 0m20.

RUGENDAS, XVIIe siècle (attribué à).

43. — Bataille.

Au milieu un choc de cavaliers, à droite des fantassins font un feu nourri, à gauche un groupe de cavaliers.

Toile, h. 0m42, l. 0m63.

44. — Bataille.

Au milieu choc de cavalerie, à droite un cheval blessé s'abat, à gauche une route et un pont, quelques fuyards.

Cadre bois sculpté doré, toile, h. 0m54, l. 0m72.

RYCKAERT (David), né en 1615 (attribué à).

45. — Les forgerons.

Dans un intérieur d'atelier, un forgeron frappe le fer sur une enclume, près de lui un servant à la forge tire le soufflet.

Toile, h. 0m33, l. 0m24.

SCHOOREEL (Jean), né en 1495 † 1562.

46. — Saint Christophe.

Il traverse une rivière portant sur ses épaules l'enfant Jésus.

Bois, h. 0m49, l. 0m25.

SEGHERS (Daniel), né en 1590 † 1660 (attribué à).

47. — La Vierge.

Dans une couronne de fleurs, la Vierge les mains jointes, la tête couverte d'un voile ; sur les épaules, un manteau bleu.

Cuivre, h. 0m22, l. 0m17.

SEGHERS (Gérard), né en 1591 † 1652 (copie d'après).

48. — Saint Pierre reniant Jésus.

A droite Saint Pierre est interpellé par une servante ; à gauche des soldats attablés jouent tandis que d'autres examinent et semblent reconnaître Saint Pierre.

Cuivre, h. 0m38, l. 0m50.

SEGHERS (Gérard (copie d'après).

49. — Saint Pierre reniant Jésus.

Toile, h. 0m30, l. 0m40.

SCHAENDEL (Van), XVIIIe siècle. École flamande.

50. — Jeune fille lisant une lettre.

Vue à mi-corps dans un costume négligé, cette jeune fille lit une lettre à la lumière d'une chandelle.

Toile, h. 0m61, l. 0m32.

SPRANGER (Barthélemi), né en 1546.

51. — Ecce homo.

Jésus est présenté au peuple par Caïphe.

Bois, h. 0m55, l. 0m45.

STREECK (Jurian Van), né en 1632.

52. — Allégorie.

Sur une table sont posés des livres, une tête de mort couronnée de lauriers, de la musique, des roses, une montre, un petit violon pochette et un flambeau éteint, à droite un sablier.

H. 0m60, l. 0m42.

SWANEVELT (Hermann Van) dit Hermann d'Italie, né en 1620 † 1690.

53. — Paysage.

A droite des rochers avec quelques arbustes, à gauche une entrée de forêt, au milieu un cours d'eau avec une passerelle, dans le lointain des ruines.

Toile, h. 0m47, l. 0m60.

TÉNIERS (David), né en 1610 † 1694 (dans le genre de).

54. — Les joueurs.

Dans une cour d'auberge, des joueurs sont attablés, l'hôtelier vient les servir.

Toile, h. 0m50, l. 0m31.

55. — Paysage (dans le genre de).

A droite une maison rustique, à côté un tonneau et une seille, un paysan assis à terre, à droite un chemin conduisant à une maisonnette près de laquelle un homme se dispose à entrer. Plus loin une rivière et des arbres sur un monticule.

Toile, h. 0m45, l. 0m55.

TÉNIERS (David) (dans le genre de).

56. — Saint Antoine.

Dans une grotte le Saint est à genoux en prière, à droite un paysage signé à la pointe dans la pâte, D. T.

Cadre bois sculpté doré, bois, h. 0m09, l. 0m11.

ÉCOLE de TÉNIERS.

57. — Paysage.

A droite un grand château flanqué de tours, au premier plan des pêcheurs retirent un filet.

Bois, h. 0m23, l. 0m33.

58. — Intérieur flamand.

A droite un fumeur assis, à côté un buveur dort appuyé sur une table, à gauche devant une cheminée un groupe de fumeurs font la conversation.

Bois, h. 0m18, l. 0m24.

WERFF (Le chevalier Adrian Van der), né en 1659 † 1722 (attribué à).

59. — Le repos de Vénus.

Elle est nue assise, retenant sa chevelure retombant sur les épaules, de la main droite, elle attire une draperie bleue, près d'elle un carquois.

Bois, h. 0m29, l. 0m27.

VERMEYEN (Jean-Corneille), né en 1500 † 1559.

60. — Ecce homo.

Le Christ assis adossé à une colonne, couronné d'épines, les mains jointes sur les jambes que couvre en partie une draperie, à droite le grand prêtre et deux juifs, au fond un monument à portique.

Bois, h. 0m24, l. 0m17.

ÉCOLE FLAMANDE, XVIIe siècle.

61. — La tentation de Saint Antoine.

A droite, le Saint assis tient un livre, il est entouré de personnages grotesques, bizarres, quelques-uns à têtes d'animaux décharnées; devant lui se présente une femme nue; à gauche, d'autres personnages se livrent à toutes sortes de contorsions devant une grande cheminée. Au centre sur un foyer est un grand chaudron où cuisent des os, des têtes et des animaux, tableau très original signé d'un monogramme formé des lettres A.V. B., au-dessous la date 1639; — la tête de fumeur à l'angle gauche passe pour être le portrait de l'artiste.

Bois, h. 0m28, l. 0m40.

ÉCOLE ALLEMANDE, XVᵉ siècle.

62. — Volet de triptyque.

Sur un cheval richement harnaché, un jeune seigneur, la tête entourée du nimbe des saints, portant un riche costume brodé, au bas duquel on lit les lettres A. M. I. R. I., il est suivi d'une dame.
Au revers un Saint.

Bois, h. 0ᵐ07, l. 0ᵐ43.

63. — Volet de triptyque (pendant du précédent).

Au premier plan, un cavalier blessé d'une flèche au visage, à sa droite, un décapité, de l'autre côté, un blessé au cou. Au-dessus un combat de cavaliers.
Au revers un saint pape portant une tiare à trois couronnes fleurdelysées, couvert de la chape.

Bois, h. 1ᵐ07, l. 0ᵐ43.

ÉCOLE FLAMANDE, XVᵉ siècle.

64. — Saint Martin.

A droite, près de la porte d'une ville fortifiée, Saint Martin à cheval coupe avec son épée la moitié de son manteau, pour l'offrir à un mendiant estropié qui tend les bras, plus loin, deux autres mendiants le regardent, à gauche, on voit un paysage.

Bois, h. 0ᵐ26, l. 0ᵐ39.

65. — Jésus essuie sa face sur un linge.

Au premier plan, sainte Véronique présente un linge pour essuyer la face de Jésus succombant sous le poids de la croix, que soutient Simon le Cyrénéen, près de lui, deux soldats armés de piques; à gauche, une porte de ville d'où sortent des hommes armés de lances; à droite, la campagne.

Bois, h. 0ᵐ62, l. 0ᵐ28.

66. — Jésus présenté au peuple.

Au premier plan des juifs et des soldats armés de piques poussent des clameurs, au-dessus, devant un portique Jésus, à demi nu entre deux personnages.

Bois, h. 0ᵐ80, l. 0ᵐ30.

ÉCOLE FLAMANDE, XVIᵉ siècle.

67. — Portrait, volet de triptyque.

En costume religieux, à genoux devant un prie-Dieu aux armes du personnage, derrière debout sainte Marie-Magdeleine.

68. — Portrait (pendant du précédent).

En costume religieux, à genoux devant un prie-Dieu portant l'armoirie du personnage, derrière debout la Sainte patronne.

Bois, h. 0ᵐ50, l. 0ᵐ23.

ÉCOLE FLAMANDE, XVIᵉ siècle.

69. — Flagellation.

Un flagellé est étendu à terre, un des deux flagellants délie les cordes qui le retenaient à la colonne, le deuxième est encore armé du fouet; dans le fond, à droite, une femme demande la grâce du supplicié.

Bois, h. 0ᵐ24, l. 0ᵐ17.

ÉCOLE FLAMANDE, XVᵉ siècle.

70. — Saint Jérôme en prière.

Il est à genoux devant un autel, on voit un Christ et un sablier, à ses pieds un lion couché, un livre ouvert et un chapeau rouge, au fond, une église au milieu du paysage, volet de triptyque.

Bois, h. 0ᵐ60, l. 0ᵐ28.

ÉCOLE FLAMANDE, XVIᵉ siècle.

71. — Portrait de Philippe le Hardi.
72. — Portrait de Jean sans peur.
73. — Portrait de Philippe le Bon.
74. — Portrait de Charles le Téméraire.

Toiles, h. 0ᵐ60, l. 0ᵐ46.

ÉCOLE FLAMANDE.

75. — Portrait de Philippe le Bon.

En costume ducal, il tient dans sa main une charte.

Copie toile, h. 0ᵐ32, l. 0ᵐ38.

ÉCOLE ALLEMANDE, XVIᵉ siècle.

76. — Portrait de Charles-Quint.

La tête couverte d'une toque brodée or, pourpoint de velours brodé; il porte le collier de la toison d'or — ce panneau a été recoupé et mis en ovale.

Cadre bois sculpté époque Louis XIV; haut. 0ᵐ41, l. 0ᵐ33.

ÉCOLE ALLEMANDE, XVIIᵉ siècle.

77. — L'ange et Tobie.

Couché à terre Tobie est endormi, devant lui, un ange debout tient une aiguière et un pain.

H. 0ᵐ19, l. 0ᵐ18.

ÉCOLE ALLEMANDE, XVIIᵉ siècle.

78. — Un sacrifice (pendant du précédent).

A droite devant un autel, un grand prêtre, entouré de nombreux personnages, à gauche, des guerriers armés de lances.

H. 0ᵐ19, l. 0ᵐ20.

ÉCOLE FLAMANDE, fin du XVIᵉ siècle.

79. — Sainte famille.

La Vierge assise tient sur ses genoux l'enfant Jésus et lui présente le sein, derrière Sainte Anne est debout, à côté Saint Jean enfant tenant un bâton terminé par une croix et posant sa main gauche sur la tête d'un agneau ; au fond à gauche, un paysage, à droite une grande draperie rouge ornée de crépines d'or.

Bois, h. 0ᵐ65, l. 0ᵐ45.

ECOLE FLAMANDE, XVIIᵉ siècle.

80. — Sainte Catherine.

A mi-jambes, droite appuyée d'un côté sur une roue, instrument de son supplice, de la main droite elle tient une épée.

Cadre ébène, h. 0ᵐ16, l. 0ᵐ13.

81. — La Nativité de Notre Seigneur.

Dans une étable, la Vierge, Saint Joseph et l'enfant Jésus, derrière le bœuf et l'âne, au-dessus on voit la ville de Bethléem et des anges.

82. — Attributs des sciences.

Sur une table à droite une sphère, au milieu un grand vase, à gauche un singe tient un livre entr'ouvert, au milieu un encrier, un caducée, une branche de laurier, au bord des titres et des parchemins déroulés munis de leurs sceaux.

Toile, h. 0ᵐ80, l. 1ᵐ05.

83. — Fleurs et fruits.

Des melons, des raisins, des poires et autres fruits posés sur une table.

Toile, h. 0ᵐ64, l. 0ᵐ96.

84. — Intérieur flamand.

Au milieu un flamand assis sur une seille renversée devant une cheminée, à sa droite un buveur, au fond un autre tourne le dos. Signé d'un monogramme Æ.

Bois, h. 0ᵐ20, l. 0ᵐ18.

85. — Nature morte.

Au milieu une tête de mort sur des livres posés sur une table.

Toile, h. 0ᵐ62, l. 0ᵐ75.

ÉCOLE FLAMANDE, XVIIe siècle.

86. — Fleurs.

Des roses, des iris, des tulipes et diverses fleurs variées emplissent un vase.

Bois.

87. — Le songe.

Toile sans cadre, h. 0m97, l. 0m80.

88. — Le singe artiste.

Sur un tabouret assis devant un chevalet, un singe peint un paysage, au fond à droite, un autre singe broie des couleurs.

Toile, h. 0m23, l. 0m22.

89. — Allégorie.

Un jeune monarque reçoit des mains d'une femme presque nue un livre ouvert et une épée, au fond et à gauche des soldats armés de lances.

Bois, h. 0m29, l. 0m40.

90. — Saint Antoine en prière.

Il est à genoux devant un crucifix étendu à terre, au fond un paysage.

Toile, h. 0m40, l. 0m32.

91. — Paysage.

Au premier plan divers personnages en costume du xviie siècle, assis font une conversation, au fond un paysage.

Cuivre, h. 0m045, l. 0m14.

92. — Paysage.

Au premier plan, une jeune dame accompagnée d'un homme suivi d'un chien, à gauche, un cavalier cheminant à droite des arbres (vente de Laloge, n° 328).

Toile, h. 0m38, l. 0m36.

93. — Le martyre de Saint Etienne, esquisse.

En habit de diacre, à genoux regardant le ciel, les bras étendus ; à droite et à gauche, un homme jetant une pierre ; fond de paysage.

Bois, h. 0m24, l. 0m185.

94. — Un fumeur.

Assis devant un tonneau sur lequel on voit un broc et un brasero, au fond à droite, un buveur tourne le dos.

Bois, h. 0m18, l. 0m24.

ÉCOLE FLAMANDE, XVIIᵉ siècle.

95. — Fruits d'automne.

Sur une table des raisins, des pommes et des poires.

Bois, h. 0ᵐ28, l. 0ᵐ21.

96. — Paysage.

Au premier plan, à droite, une dame se fait dire la bonne aventure par une vieille femme, à gauche, un beau parterre de jardin, au centre une habitation, fond de paysage.

Cuivre, h. 0ᵐ16, l. 0ᵐ20.

ÉCOLE FLAMANDE, XVIIIᵉ siècle.

97. — Jésus enfant.

A mi-corps, vêtu d'une tunique, couvert d'un manteau.

Cadre ovale, h. 0ᵐ18, l. 0ᵐ15.

98. — La Sainte Vierge.

A mi-corps, la tête couverte d'un long voile.

Cadre ovale, cuivre rectangulaire, h. 0ᵐ18, l. 0ᵐ15, pendant du précédent.

99. — Paysage.

Au premier plan, au milieu on voit des personnages cheminant; à gauche, quelques arbres; à droite, une chaumière, au fond un paysage, coucher de soleil.

Bois, h. 0ᵐ39, l. 0ᵐ44.

100. — Pigeons et perroquet.

Bois, h. 0ᵐ37, l. 0ᵐ49.

101. — Nature morte.

Au pied d'un arbre trois oiseaux morts, au fond un paysage.

Bois, h. 0ᵐ27, l. 0ᵐ22.

ÉCOLE FLAMANDE, XVIIᵉ siècle.

102. — La vie et la mort (allégorie).

Devant une table chargée de fleurs et d'objets de toilette, une jeune fille présente par moitié un corps plein de vie, tandis que l'autre est décharné en décomposition; à ses pieds les attributs de la mort, — peint sur ardoise.

H. 0ᵐ31, l. 0ᵐ23; cadre bois noir, orné de cuivres repoussés.

103. — Sainte Geneviève.

Dans un entourage de fleurs, sainte Geneviève tenant de la main gauche une épée, et de l'autre une palme, reçoit la couronne des martyrs que lui apporte un ange.

Cadre ancien, moulures en ébène, h. 0ᵐ31, l. 0ᵐ28; peinture sur marbre.

ÉCOLE FRANÇAISE

BELAY, XVIIIᵉ siècle.

104. — Paysage.

Deux vaches et deux chèvres au pâturage. Au dos une ancienne indication.

Bois, h. 0m25, l. 0m30.

BERTIN (Jean-Victor), né en 1775 † 1842.

105. — Etude d'arbres.

Toile, h. 0m32, l. 0m38.

BONNEFOND, de Lyon, école française, XIXᵉ siècle.

106. — La prise de Missolonghi.

Dans une barque deux personnages secourent un chef turc blessé.

Toile, h. 0m33, l. 0m30.

BOUCHER (François), né en 1704 † 1770, esquisse (attribuée à).

107. — Le triomphe de Thétis.

Elle est assise sur son char traîné par des dauphins qu'un amour conduit ; un deuxième amour présente des fleurs, des bijoux et des rubans ; des tritons suivent et font cortège (toile collée sur bois). Au dos une ancienne inscription, esquisse de M. Vien faite à Rome.

Toile, h. 0m33, l. 41.

BOUDAIR (Philippe), professeur de dessin à l'école de Dijon (attribué à).

108. — Une flagellation.

A droite un saint moine en prière tourmenté par un flagellant, tiré par sa robe, pendant qu'un autre excite des chiens contre lui, derrière on voit un soldat armé d'une pique.

Toile, h. 0m38, l. 0m45.

BRUANDET, † 1803 (attribué à).

109. — Paysage.

Au premier plan, un berger et des moutons, à droite une forêt, au fond un paysage.

Toile, h. 0m23, l. 0m32.

BRUN (Charles le), né en 1619 † 1690 (attribué à).

110. — Le sacrifice de Polyxène.

A droite Hécube, mère de Polyxène, retient sa fille que deux soldats viennent enlever, à gauche derrière un trépied d'or le grand prêtre impassible regarde cette scène, au fond des monuments et des tombeaux, signé au bas à gauche du monogramme C. L. B. F. au-dessous la date 1647. Cadre bois sculpté doré de l'époque.

Toile, h. 1^{m}65, l. 1^{m}35.

CAPPE (Mlle Stéphanie de).

111. — Fleurs.

Des reines marguerite dans un vase bleu posé sur une table avec des fraises et des noix.

Toile, h. 0^{m}30, l. 0^{m}25.

CHALAMET (Pierre-Louis-Victor), né à Paris en 1805, élève de Picot.

112. — Intérieur d'artiste (salon 1837).

A droite l'artiste assis devant un chevalet peint un paysage, à gauche sa femme s'occupe d'ouvrage de couture, fond d'atelier orné de statues et de peintures.

Toile, h. 0^{m}32, l. 0^{m}41.

CLOUET (François) dit JEHANNET, né vers 1500 † 1572 (attribué à).

113. — Portrait de la duchesse de Lorraine.

A mi-corps, la tête tournée de trois quarts regarde à gauche, les cheveux relevés et retenus par une coiffe de velours, un grand col à larges plis garni de dentelles entoure le cou orné d'un collier de perles retombant en quatre rangs sur la robe noire garnie de broderies, cadre noir à dessins dorés.

Bois, h. 0^{m}18, l. 0^{m}16.

CLOUET (école des), XVIe siècle.

114. — Portrait de Charles IX, roi de France.

En buste la tête couverte d'un toquet de velours orné d'une aigrette, collerette à fraise, pourpoint blanc, manteau noir à broderies d'or.

Bois, h. 0^{m}27, l. 0^{m}22.

115. — Portrait de Louise de Lorraine.

Coiffure ornée de perles, grand col orné de dentelle, robe violette à broderies et collier de perles.

Bois, h. 0^{m}27, l. 0^{m}22.

116. — Portrait de Henri II, roi de France.

La tête nue, col blanc rabattu, justaucorps blanc.

Bois, h. 0^{m}30, l. 0^{m}19.

CLOUET (école des), XVIᵉ siècle.

117. — Portrait de la reine Marguerite de Navarre.

Sur la tête une coquette toque rose ornée de perles et d'une plume, collerette à fraise, robe rose.
Bois, h. 0ᵐ30, l. 0ᵐ21.

118. — Portrait de Catherine de Médicis, reine de France.

En habit de deuil, la tête couverte d'un voile, collerette à fraise; au-dessus l'inscription Cath. de Médicis, r. de France.
Bois, h. 0ᵐ27, l. 0ᵐ21.

CŒUR (école française), XIXᵉ siècle.

119. — Les sœurs se rendant à la prière.
Toile, h. 0ᵐ25, l. 0ᵐ36.

COURTOIS (Jacques), dit le BOURGUIGNON? né en 1621 † 1676.

120. — Bataille.

A droite, un choc de cavalerie près d'une tour. Au premier plan, des morts et des blessés à quelque distance; à gauche, un pont couvert de cavaliers combattant.
Bois, h. 0ᵐ60, l. 0ᵐ82.

DANSSE (Jⁿ-F. de Romilly), XVIIIᵉ siècle.

121. — Portrait du peintre Jᵒ Kupersky, sur carton signé et daté au dos 1747.
H. 0ᵐ22, l. 0ᵐ16.

122. — Portrait d'homme, pendant du précédent.

DAVID (Jacques-Louis), (né en 1748 † 1825).

123. — Le dévouement de Cimon.

Il reprend les fers de son père, mort en prison sans avoir acquitté la dette qui lui était imposée, pour lui assurer les honneurs de la sépulture.
Toile, h. 0ᵐ36, l. 0ᵐ44.

DAVID (Louis), dans le genre de.

124. — Un enlèvement (esquisse).

Devant un portique, une jeune femme est arrachée des bras de son père par des soldats, à gauche, un combat acharné.
Toile, h. 0ᵐ47, l. 0ᵐ60.

DEMAY (école française), XIXᵉ siècle

125. — Paysage.

Devant une maison, un cavalier s'arrête, il semble demander aux deux personnages debout devant la porte une indication. Signé au dos sur le châssis et daté 1825.

Toile, h. 0^m20, l. 0^m26.

126. — Vue des environs de Paris.

A gauche, un groupe de personnages, à droite, l'entrée d'un parc, à l'horizon un village.

Toile, h. 0^m42, l. 0^m64.

DEVOSGE (Anatole), né en 1770 † 1850.

127. — Allégorie (esquisse).

L'Amour entraîne une jeune fille, elle n'écoute pas les conseils de la sagesse.

Toile, h. 0^m24, l. 0^m18.

128. — Hercule et Phillo.

Esquisse du grand tableau du musée de Dijon.

H. 0^m23, l. 0^m30.

129. — Saint Jean prêchant (esquisse).

Debout à demi vêtu d'une peau de mouton, devant lui des bergers assis l'écoutent. Signé à gauche A. Devosge.

Toile, h. 0^m15, l. 0^m11.

DROLING (Martin), né en 1752 † 1817.

130. — L'enfant à la cage.

A mi-corps, un jeune enfant aux cheveux blonds bouclés, les deux bras appuyés sur une cage ouverte, regarde en l'air.

Sur cuivre, h. 0^m13, l. 0^m095.

FAVIER (école française), XVIIIᵉ siècle.

131. — Vue de la rotonde de Saint-Bénigne.

Peinte à l'époque de la démolition, — au dos voir la curieuse note manuscrite.

Bois, h. 0^m33, l. 0^m43.

FILLIETTE, école flamande, XVIIIe siècle (dans le goût de Boucher).

132. — Vénus et l'Amour.

Cupidon fait des caresses à sa mère, peint sur Spath fluor. Signé à droite. Cadre ancien, bois sculpté doré, cintré dans le haut.

H. 0^m13, l. 0^m08.

133. — Vénus et l'Amour.

Pendant du précédent, peint aussi sur plaque de spath fluor, cadre ancien cintré dans le haut.

H. 0^m13, l. 0^m08.

GUÉRIN (Pierre-Narcisse), né en 1724 † 1833 (esquisse attribuée à).

134. — La leçon d'Archimède.

Il explique une figure de géométrie tracée sur un tableau placé à gauche, des personnages à droite sont occupés à d'autres problèmes.

Toile, h. 0^m20, l. 0^m26.

135. — Le serment d'Annibal.

Il est debout montrant un jeune enfant levant la main droite, des personnages en costume romain l'entourent, au fond la ville et des monuments.

Pendant du précédent.

FRÉMINET (Martin), né en 1567 † 1619.

136. — Les Titans escaladent le ciel.

Dans les nues on voit l'Olympe et les Dieux assemblés au milieu Jupiter à cheval sur son aigle tient les foudres de la main droite, au-dessous les géants sont renversés ou écrasés par des rochers. Au dos attribution d'une vieille écriture.

Bois, h. 0^m40, l. 0^m58.

GARNERAY.

137. — Intérieur de l'église Saint-Germain-l'Auxerrois.

Dans la nef nombreux personnages en costumes du XVIIe siècle.

Bois, h. 0^m25, l. 0^m20.

GAGNEREAUX (Bénigne), né à Dijon en 1756, mort à Florence en 1795.

138. — Cheval effrayé.

Un beau cheval blanc portant une riche selle de velours rouge s'enfuit, à la vue d'un serpent. Etude du cheval du prince de Condé pour le tableau de la bataille de Sénef, du musée de Dijon.

Toile, h. 0^m56, l. 0^m37.

GUINDRAND (Antoine), né en 1801 ✝ 1843 (esquisse attribuée à).

139. — Paysage.

Toile, h. 0m19, 1. 0m29.

140. — Portrait d'homme, pastiche de Rembrandt.

Vu à mi-corps, la tête couverte d'un chapeau orné d'une plume, il porte un colletin, un manteau sur les épaules garni de broderies. Une eau forte de Rembrandt donne ce sujet, beau cadre ancien bois sculpté, doré, époque Louis XIV.

Bois, h. 0m85, 1. 0m65.

GARRIE, H.

141. — Paysage.

A gauche un château-fort, avec pont-levis entouré de fossés, au fond la campagne. Signé à gauche Garrie, daté 1822.

Toile, h. 0m58, 1. 0m47.

GRESLY (Gabriel), né à Lisle-sur-le Doubs en 1710, mort à Besançon en 1756.

142. — Portrait de femme.

La tête est expressive, une note au dos du tableau dit que c'est la mère de l'artiste.

Toile, h. 0m32, 1. 0m27.

143. — Un vieillard (attribué à).

En buste, tête nue, portant toute sa barbe, s'appuie sur un bâton.

Toile, h. 0m40, 1. 0m32.

GREUZE (Jean-Baptiste), né en 1725 ✝ 1805.

144. — Un moissonneur (esquisse).

Vu à mi-corps la tête couverte d'un chapeau, il tient à deux bras une gerbe.

Toile collée sur carton, h. 0m18, 1. 0m15.

HOIN (Claude), né en 1750 ✝ 1817.

145. — Portrait de jeune fille en saison de printemps (pastel).

Elle est vêtue d'un corsage très ouvert orné de dentelles, de la main droite elle tient un bouquet de roses, la main gauche élevée présente une pensée et une branche de muguet, les cheveux sont retenus par un ruban orné de fleurs. Signé à gauche Claude Hoin et daté 1813.

Ovale. h. 0m55, 1. 0m45.

146. — Portrait de jeune femme en saison d'automne (pastel).

Elle porte à son bras droit un panier de raisins, dans les cheveux un bouquet de pampres. Signé à gauche et daté 1813.

Pendant du précédent.

JEAURAT (Etienne), né en 1699 † 1789.

147. — Une leçon (sujet tiré des mélanges de littérature orientale).

Un vieux vizir sellé, bridé, le mors à la bouche, marche à quatre pattes promenant une jeune sultane; à gauche, une table couverte d'un beau tapis; à droite, un tabouret sur lequel est un chien blanc.
Toile, h. 0^{m}39, l. 0^{m}47.

LACROIX (élève de Vernet J.), XVIIIe siècle.

148. — Etude de rochers, effet du soir.
H. 0^{m}62, l. 0^{m}49.

LACROIX, XVIIIe siècle (attribué à).

149. — Une tempête.

A gauche, des rochers au pied desquels un navire vient échouer.

150. — Temps calme (pendant du précédent).

A droite, un phare et des rochers, à gauche, vogue un navire en pleine mer. Sur la plage des pêcheurs.
Bois, h. 0^{m}15, l. 0^{m}15.

151. — Marine le soir.

A droite, un phare au pied de grands rochers au-dessus desquels on voit des ruines, à gauche, la mer calme par un clair de lune, sur la plage des pêcheurs.
Toile, h. 0^{m}33, l. 0^{m}62.

LALLEMAND (Jean-Baptiste), né en 1770 † 1803.

152. — Paysage, vue de Pouzzol.

A droite un grand pont en ruines conduit à une grande tour à moitié démolie, au premier plan, une route où cheminent personnages et animaux.
Toile, h. 0^{m}21, l. 0^{m}31.

153. — Intérieur d'atelier.

Près d'une fenêtre à gauche, l'artiste assis dessine, sa femme et sa fille sont près de lui, le fond est orné de tableaux et de sculptures, une demi-armure et des livres sont posés sur une commode. Toile signée à gauche Lallemand.
H. 0^{m}33, l. 0^{m}41.

154. — Intérieur de cuisine (pendant du précédent).

A droite devant la cheminée, Lallement assis près de sa femme donnant à manger à son fils, tandis qu'une servante prépare leur repas; sur une table à gauche, des fruits et des poissons qu'un chat cherche à prendre, le chien semble vouloir les défendre, le fond est orné d'ustensiles de diverses natures. Toile signée au bas au centre Lallemand.
H. 0^{m}33, l. 0^{m}41.

LALLEMAND (Jean-Baptiste), né en 1770 † 1803.

155. — Paysage (matin).

A gauche, ruines d'un beau monument et d'une fontaine où des femmes viennent puiser de l'eau ; à droite, la mer, au milieu, un grand trois mâts en détresse. Signé à gauche, et également au dos par le maître, beau cadre bois sculpté doré, époque Louis XVI.

Bois. h. 0m25, l. 0m37.

156. — Paysage (le soir), pendant du précédent.

A droite, un beau palais à portique et terrasse, à gauche, au premier plan des pêcheurs offrent des poissons à deux personnages en costume oriental, plus loin un navire trois mâts vogue sur une mer calme. Beau cadre ancien Louis XVI, bois sculpté doré.

Bois. h. 0m25, l. 0m37.

157. — Marine, tempête.

A gauche, une grosse tour dominant un quai sur lequel on voit quelques personnages, à droite un navire battu par la tempête. Signé au dos par l'auteur.

Toile, h. 0m20, l. 0m28.

158. — Paysage (attribué à).

Vue prise de la route des Chartreux, à Dijon ; à droite, la chapelle et les bâtiments de la Chartreuse, au-dessus la colline de Talant, à gauche, un clocher, des maisons et quelques arbres.

Toile, h. 0m60, l. 0m95.

N.. de LARGILLIÈRE, né en 1656 † 1746.

159. — Portrait de Du Cange.

Dans un riche costume régence.

Toile, h. 0m61, l. 0m51.

LÉCURIEUX (J.-J.), né à Dijon en 1801 † 1867.

160. — Martyre de Saint Bénigne.

Cette toile est le projet du grand tableau qui est à la cathédrale de Dijon.

Toile, h. 0m50, l. 0m35.

161. — Intérieur.

Dans un intérieur richement meublé, un vieillard assis, essaie de saisir une rose que tient une jeune dame debout devant lui, au fond une suivante emporte un plateau chargé de verres. Signé à gauche J. Lécurieux.

Toile, h. 0m32, l. 0m25.

LÉCURIEUX (J.-J.), né à Dijon en 1801 † 1867.

162. — Intérieur (pendant du précédent).

Dans un bel intérieur, à droite, une jeune femme assise fait offrir une tasse à un ecclésiastique assis en face d'elle dans un fauteuil.

Toile, h. 0m32, l. 0m25.

163. — La lecture.

Dans un riche intérieur, trois jeunes femmes sont occupées à regarder dans un livre, derrière un homme se tient debout.

Toile, h. 0m18, l. 0m21.

LEDOUX (Mlle), élève de Greuze (attribué à).

164. — Tête de jeune fille (esquisse).

Toile, h. 0m40, l. 0m31.

LEBLOND (Michel), XVIIe siècle.

165. — La mort de la Sainte Vierge.

Dans une grande stalle, la vierge assise vient d'expirer en présence des apôtres et des disciples qui l'entourent, fond d'architecture.

Toile sans cadre, h. 0m84, l. 0m65.

LENAIN (Louis), XVIIe siècle.

166. — Vieillard se chauffant près d'un réchaud.

Toile, h. 0m64, larg. 0m48.

LEPRINCE (Jean-Baptiste), né en 1733 † 1781 (attribué à).

167. — La musique.

Dans un riche intérieur, une jeune femme assise joue de la guitare, une suivante présente une tasse et un flacon sur un plateau.

Bois, h. 0m205, l. 0m155

MALLARD (Pierre), XIXe siècle.

168. — Paysage.

Vue prise aux environs de Seurre (Côte-d'Or). Signé à gauche P. Mallard.

Bois, h. 0m20, l. 0m30.

MIGNARD (Pierre), surnommé le ROMAIN, né en 1610 ┼ 1695 (attribué à).

169. — Portrait de jeune femme en costume de dame romaine.

Elle est debout vue à mi-jambes, la tête ornée d'un diadème, elle présente des fleurs. Ancien cadre arrondi par le haut, bois sculpté doré.

Toile, h. 1^m25, l. 0^m90.

NATOIRE (Charles-Joseph), né en 1700 ┼ 1777 (attribué à).

170. — Vénus et l'Amour.

Vue à mi-corps, Vénus les cheveux retenus par des rubans et des perles, une draperie rouge la recouvre en partie, elle tient sur le bras droit une colombe qu'un petit faune cherche à saisir, tandis qu'un amour s'enfuit emportant une colombe. Cette toile était attribuée à Boucher.

Toile, h. 1^m05, l. 0^m94.

MOINE (François le), né en 1688 ┼ 1737 (attribué à).

171. — Sujet d'histoire romaine?

A gauche trois femmes, l'une morte étendue à terre, la seconde évanouie sur les genoux de la troisième; à droite, des soldats romains accourent. Un trépied sur lequel brûlent des parfums occupe l'angle droit.

Toile, h. 0^m38, l. 0^m52.

MONNOYER (Jean-Baptiste), né en 1634 ┼ 1699.

172. — Vase de fleurs.

Des tulipes, des pavots et d'autres fleurs remplissent un vase de verre posé sur un banc.

Toile, h. 0^m46, l. 0^m36.

MOUCHET, élève de Greuze, né à Besançon en 1740 ┼ à Gray en 1814, membre de l'Académie et professeur de peinture.

173. — Allégorie (esquisse originale du grand tableau acheté par le gouvernement).

Un génie ailé, planant dans les nues, couvre de son égide une femme assise les pieds sur le faisceau des licteurs, un enfant s'appuie sur ses genoux, de la main gauche elle tient des couronnes, de la droite elle attire la figure de la Vérité nue tenant un flambeau, au-dessus une colombe tient une branche d'olivier.

Toile, h. 0^m55, l. 0^m45.

MOUCHET (F.)

174. — Tête d'étude de la vérité.

Elle est de grandeur d'exécution du tableau allégorique désigné dans le numéro précédent, signé à la plume en travers F. Mouchet.

Papier collé sur toile, h. 0m44, l. 0m34.

175. — La mort d'Adonis, esquisse.

Adonis est couché étendu, un amour soutient la tête, Vénus essuie les blessures.

Carton, h. 0m25, l. 0m22.

NESLE (Eugène), né à Verrey en 1819 † 1871.

176. — La place Monge, à Beaune.

Au milieu la statue de Monge entourée d'une grille, à gauche des maisons et l'ancien beffroi ; à droite des maisons, divers personnages cheminent, signé à gauche E. Nesle, 1870.

Toile, h. 0m35, l. 0m50.

NANTEUIL (Célestin), né en 1813 † 1873.

177. — Allégorie, esquisse.

Une jeune femme se bouche les oreilles pour ne pas entendre les propos des amours qui voletent autour d'elle (vente Nanteuil).

Toile, h. 0m78, l. 0m63.

OUDRY (Jean-Baptiste), né 1686 † 1755 (attribué à).

178. — Gibier gardé par un chien.

Un lièvre, des perdrix et diverses pièces de gibier sont déposées au pied d'un arbre et gardées par un chien debout.

Toile, h. 0m34, l. 0m75.

PRUD'HON (Pierre-Paul) (attribué à).

179. — Martyre de Sainte Catherine, esquisse.

Elle reçoit des mains d'un ange la couronne et la palme des martyrs.

Toile, h. 0m33, l. 0m25.

PRUD'HON (Pierre-Paul), 1758 † 1823 (attribué à).

180. — Le Temps découvre la Vérité.

La figure du Temps s'élève vers le ciel, de la main droite il soulève le voile qui recouvrait la Vérité qui apparaît nue ; dans le haut à gauche, le char des heures poursuit sa course, au bas l'Erreur et l'Envie dévorés de serpents s'enfuient.

Toile, h. 0m58, l. 0m47.

PRUD'HON Pierre-Paul (attribué à).

181. — Le départ d'Hector.

Il est debout tenant un glaive de la main droite, la gauche est élevée vers le ciel. La tête couverte d'un casque, il porte la cuirasse à bandelettes, un manteau est attaché sur l'épaule droite, les parents et des compagnons d'armes l'entourent. Au dos, attribution ancienne, collée sur la toile.

Toile, h. 0^m33, l. 0^m41.

182. — La mort d'Hector.

Il est couché étendu sur un lit orné de draperies, son casque et ses armes reposent près de lui, sa sœur assise, les bras étendus, les mains croisées, contemple cette scène. A droite un brasero brûle des parfums.

Pendant du précédent, toile, h. 0^m33, l. 0^m41.

183. — L'Amour et Psyché (dans le genre de).

Étude sur carton, h. 0^m30, l. 0^m22.

PATER (Jean-Baptiste), né en 1695 ÷ 1736 (attribué à).

184. — Un déjeuner sous la tonnelle.

Quatre personnages attablés choquent leurs verres qu'un serviteur vient de remplir, au fond un palais et un jet d'eau.

Bois. h. 0^m19, l. 0^m14.

PILLEMENT (attribué à).

185. — Intérieur de forêt.

Au premier plan, des rochers d'où sort un cours d'eau, au-dessus, des arbres.

Bois, h. 0^m28, l. 0^m19.

RENÉ (Dom), chartreux de la maison de Dijon, vivait au XVIIIe siècle.

186. — Ruines d'un temple.

Au dos est écrit de la main de l'auteur une dédicace datée 1767.

Toile, h. 0^m25, l. 0^m30.

187. — Portrait de Dom René (par lui-même).

Esquisse.

Toile, h. 0^m45, l. 0^m40.

REVEL (Gabriel, né en 1643 ÷ 1712.

188. — Portrait de Philibert Jehannin.

Il est assis dans un grand fauteuil, il porte une longue perruque retombant sur la robe de conseiller, fond de draperie, à droite une bibliothèque, au-dessous l'inscription.

Cadre ancien bois sculpté doré, h. 0^m50, l. 0^m41.

RIGAUD (Hyacinthe), né en 1659 ✝ 1743.

189. — Portrait de Phélyppeaux, conseiller et garde des sceaux.

Il est debout à mi-jambes, rabat et robe de magistrat, à revers soie cramoisie moirée, il porte le grand cordon du Saint-Esprit et de Saint-Michel; à droite, une table sur laquelle est une cassette ornée de fleurs de lys d'or alternées de L. Sous ce coffret un parchemin avec le grand sceau. Très beau portrait.

Toile, h. 1m18, l. 0m85.

190. — Portrait du marquis de Croï.

Vu à mi-jambes, la tête de face, portant une perruque poudrée, le corps couvert d'une armure, une peau de léopard attachée sur l'épaule retombe retenue de la main gauche sur la hanche, la main droite est appuyée sur un casque orné de plumes, une épée pend au côté gauche (beau portrait).

Toile, h. 1m25, l. 0m95.

191. — Portrait de Louis XIV (copie d'après Rigaud).

En buste, il porte une armure fleurdelysée or et le grand cordon de l'ordre du Saint-Esprit. Cadre bois sculpté doré, époque Louis XIV.

Toile ovale, h. 0m41, l. 0m33.

192. — Portrait de Bénigne Bouhier, brigadier des armées du roi, quatrième fils de Bénigne Bouhier, président à mortier à Dijon, 1689.

Vu à mi-jambes, la tête en face, couvert de son armure, la main droite appuyée sur le bâton de commandement, la gauche sur la hanche, la taille ceinte d'une écharpe blanche, il porte l'ordre du Saint-Esprit. Beau cadre bois sculpté doré.

Toile, h. 0m95, l. 0m78.

ROBERT (Hubert), né en 1733 ✝ 1808 (attribué à).

193. — Fontaine de Vaucluse.

Dans une gorge entre deux montagnes sort un cours d'eau devant lequel des personnages admirent le site, à droite on voit des habitations.

Toile, h. 0m33, l. 0m40.

SÈVE (Gilbert de), né en 1615 ✝ 1698.

194. — La Cène.

Le moment choisi par l'artiste est celui où Jésus déclare à ses apôtres que l'un d'eux le trahira.

195. — Jésus au milieu de ses docteurs (pendant du précédent).

Les docteurs entourent Jésus et l'écoutent, au fond à droite, apparaissent la Vierge et Saint Joseph.

Ovales toiles sans cadre, h. 0m45, l. 0m57.

SUEUR (Eustache le), né en 1617 ✝ 1655 (attribué à).

196. — Sainte Thérèse.

En habit religieux, elle est à genoux les mains jointes sur la poitrine, sur la tête une couronne d'épines, à demi-renversée elle regarde le ciel. Cadre ancien bois sculpté doré Louis XIV.

Toile, h. 0m30, l. 0m24.

SWEBACH (Jean-François), né en 1769 ✝ 1823.

197. — Bataille.

Au premier plan, un hussard charge un uhlan qu'il renverse, à droite une troupe de uhlans en fuite, à gauche des cavaliers français s'avancent ; à terre des blessés. Au fond une forêt. Signé à gauche, Swebach.

Toile, h. 0m36, l. 0m60.

198. — Le retour du marché.

A droite une maisonnette, au centre une charrette chargée de divers objets, à côté un groupe de trois personnages qu'un cavalier regarde, au fond un joli paysage. Signé à droite.

Toile, h. 0m26, l. 0m33.

VERNET (Claude-Joseph), né en 1714 ✝ 1789.

199. — Paysage.

A gauche, une montagne avec chute d'eau, au milieu trois pêcheurs, à gauche un autre pêcheur retire un filet, au fond paysage. Signé à droite, Vernet.

Toile, h. 0m24, l. 0m31.

PERRONNEAU (Jean-Baptiste), né en 1715 ✝ 1783.

200. — Portrait d'une jeune dame.

A mi-corps la tête vue de face, les cheveux poudrés, robe bleue, manteau attaché sur les épaules. Signé en haut à droite, au crayon.

Pastel, h. 0m52, l. 0m40.

WATTEAU (Antoine), né en 1684 ✝ 1721.

201. — Le repas champêtre.

Autour d'une table chargée de fruits, trois jeunes femmes et trois jeunes hommes vident leurs verres ; à terre, bouteilles, plats, réchaud, etc., fond de jardin orné d'un vase. Beau cadre ancien, bois sculpté doré.

Bois, h. 0m35, l. 0m26.

202. — La danse.

Dans un jardin devant une belle habitation des jeunes gens se livrent au plaisir de la danse. Beau cadre ancien, bois sculpté doré.

Pendant du précédent, h. 0m35, l. 0m26.

WATTEAU L. dit de Lille.

203. — Le retour du marché.

Au premier plan, une jeune femme assise tenant sur ses genoux un jeune enfant, près d'elle un jeune homme conduisant un âne chargé de divers ustensiles. Signé, L. Watteau 1785. Cadre ancien, bois sculpté doré.

Bois, h. 0^{m}23, l. 0^{m}34.

204. — L'heureuse pêche.

Au premier plan, un jeune pêcheur présente le produit de sa pêche à une jeune femme assise au pied d'un arbre. Au fond un paysage. Signé L. Watteau, 1785. Cadre ancien, bois sculpté doré.

H. 0^{m}23, l. 0^{m}34.

ÉCOLE FRANÇAISE, XVIe siècle.

205. — Portrait de Louis XI.

Vu de profil, la tête couverte d'une calotte rouge sous un chapeau de fourrures, il porte un collier formé de coquilles.

Peint sur carton, h. 0^{m}27, l. 0^{m}20.

206. — Portrait du comte de Hornes.

Tête nue, collerette à fraise, couvert d'une riche armure ornementée, il porte le collier de l'ordre de la Toison d'or.

Bois, h. 0^{m}28, l. 0^{m}21.

207. — La grande chartreuse.

Dans un vaste jardin, deux chartreux et un frère servant offrent des fleurs à leur grand prieur. Au fond un paysage.

Bois, h. 0^{m}48, l. 0^{m}61.

208. — Portrait d'un jeune prince.

Vu à mi-corps, la tête nue tournée de trois quarts, il porte une collerette à fraise, un justaucorps brodé, un ceinturon entoure la taille, l'ordre du Saint-Esprit posé en sautoir.

Bois, h. 0^{m}55, l. 0^{m}45.

209. — Portrait de jeune dame, sur bois, a été recoupé.

Bois, h. 0^{m}25, l. 0^{m}19.

210. — Portrait pendant du précédent.

Bois, h. 0^{m}25, l. 0^{m}19.

211. — Portrait de Charles VII, roi de France.

A mi-corps, la tête couverte d'un chapeau, vêtement garni de fourrures.

Bois, h. 0^{m}30, l. 0^{m}23.

ÉCOLE FRANÇAISE, XVIe siècle.

212 — Fondation de l'ordre de la Visitation.

> Au milieu, un moine mitré les bras élevés regarde le ciel, au-dessus de sa tête deux anges tiennent une inscription. Dans les nuages le père éternel bénit, au bas à droite et à gauche des religieuses et des religieux à genoux les mains jointes, au fond un paysage
>
> Bois, h. 0m25, l. 0m19.

213. — Portrait de femme.

> En buste la tête vue de face, couverte d'un toquet orné de bijoux et de plumes posé de côté, portant une robe à corsage ouvert orné de perles, au cou un collier à double rang. Au-dessus est écrit Ex ter (lisez Esther).
>
> Bois, h. 0m35, l. 0m27.

214. — Portrait de femme.

> En costume de la fin du XVIe siècle elle porte une collerette à fraise.
>
> Bois, h. 0m65, l. 0m47.

215. — Portrait de Jacques Clément.

> A mi-corps, en habit religieux de l'ordre des dominicains, il tient un livre. Cadre rond bois de poirier; au dos est écrite une ancienne indication.
>
> H. 0m19, l. 0m17.

216. — Portrait du duc de Mayenne.
217. — Portrait de Ch. de Cossé.
218. — Portrait de Rupert-Lambert.
219. — Portrait de François de Guise.
220. — Portrait de Montgomery.
221. — Portrait de Jean Chatel.
222. — Portrait en costume de l'époque Henri IV.
223. — Portrait d'homme.

> Vue de trois quart, tête nue, col plat retombant sur le vêtement. A gauche une armoirie, daté 1598.
>
> Bois, h. 0m40, l. 0m32.

224. — La mort d'Henri III.

> Panneau divisé en cinq compartiments. Au centre Henri III lit un placet, tandis que le moine le frappe d'un poignard; dans le premier compartiment, au-dessus à gauche, Jacques Clément est renversé et frappé de coups de lances; dans le deuxième, il est traîné sur une claie; dans le troisième, il est écartelé; dans le quatrième, il est brûlé sur un bûcher. Au dos une note ancienne.
>
> H. 0m28, l. 0m22.

ÉCOLE FRANÇAISE, XVIIᵉ siècle.

225. — Le Calvaire.

Le Christ attaché sur la croix, à sa droite la Sainte Vierge, à sa gauche Saint Jean debout, au fond on voit la ville de Jérusalem. Provenant de la Chambre des Comptes de Dijon.

Toile, h. 0ᵐ95, l. 1ᵐ05.

226. — Portrait du président Bouhier.

A mi-corps, la tête nue portant une grande perruque, et la robe des conseillers au parlement.

Toile, h. 1ᵐ, l. 0ᵐ78.

227. — Portrait de P. Legoux.

Il porte la robe de conseiller au parlement.

Toile, h. 0ᵐ65, l. 0ᵐ47.

228. — Portrait d'ecclésiastique.

Il est couvert d'un surplis et tient un livre de la main gauche. A l'angle droit sont peintes des armoiries.

229. — Portrait de femme, costume époque de Louis XIV.
230. — Un autre également costumé de même époque.
231. — Une tête de vieillard.
232. — Autre tête de vieillard.
233. — Portrait du duc d'Espernon.

En buste, la tête nue vue de trois quarts, il porte des moustaches et la barbe en pointe, un col blanc rabattu noué, couvert d'une armure sur laquelle passe une écharpe blanche, et le cordon de l'ordre du Saint-Esprit.

Toile, h. 0ᵐ60, l. 0ᵐ48.

234. — Portrait de Bourdaloue jeune.

Vu à mi-corps portant l'habit de dominicain, la main droite tient un livre.

Cuivre, h. 0ᵐ27, l. 0ᵐ21.

235. — Portrait de jeune page en costume Louis XIII.

Col de dentelle, pourpoint soie verte brochée.

Cuivre, h. 0ᵐ17, l. 0ᵐ14.

236. — Portrait de Charles de Longueval.
237. — Portrait du baron de la Garde.
238. — Portrait du baron de Tilly.
239. — Portrait d'Alexandre Farnèse.

ÉCOLE FRANÇAISE, XVIIe siècle.

240. — Portrait d'une princesse.

Vue de face, les cheveux relevés et ornés de perles, corsage ouvert garni de dentelles, manteau noué sur l'épaule.

Toile, h. 0m28, l. 0m23.

241. — Portrait de Cl.-G. Bachet, seigneur de Mezeria.

Vu de trois quarts, la tête couverte d'une calotte, un col plat rabattu sur un vêtement noir fermé par une rangée de petits boutons.

Toile, h. 0m43, l. 0m31.

242. — Portrait de Bussy-Rabutin.

A mi-corps la tête nue vue de face il porte une armure, un manteau noué sur l'épaule. Cadre ancien bois sculpté doré.

Toile, h. 0m85, l. 0m65.

243. — Portrait de Ravaillac.

Toile, h. 0m40, l. 0m34.

244. — Portrait du duc de Weymar.

Toile, h. 0m62, l. 0m50.

245. — Bachus et Ariane.

Peintures sur bois en deux volets provenant d'un meuble.

246. — Fleurs.

Bouquet formé de roses et d'anémones, sur fond blanc.

Toile ovale, h. 0m37, l. 0m45.

247. — Paysage.

Au premier plan on remarque des rochers au pied desquels est un cours d'eau, un pêcheur accompagné de deux femmes retire un filet.

Toile, h. 0m32, l. 0m40.

248. — Allégorie (projet de plafond).

Dans les nues diverses divinités mythologiques, cadre ancien bois sculpté doré.

Toile, h. 0m35, l. 0m48.

ÉCOLE FRANÇAISE, XVIIIe siècle.

249. — Vénus caressant l'Amour.

Elle est assise, une draperie couvre les jambes, deux colombes y reposent, d'un bras elle attire contre son sein l'Amour, de l'autre elle lui caresse les joues.

Toile, h. 0m45, l. 0m30.

ÉCOLE FRANÇAISE XVIIIᵉ siècle.

250. — Paysage.

Dans un site accidenté, une bergère conduit un troupeau de moutons.

Bois, h. 0ᵐ21, l. 0ᵐ25.

251. — Paysage, pendant du précédent.

Un chevrier garde ses chèvres, à droite sur un monticule boisé, un chasseur, des moutons, un âne. Cadre, bois doré.

Bois. h. 0ᵐ21, l. 0ᵐ25.

252. — Le matin, paysage.

Au milieu une cascade d'eau, à droite, un monticule avec quelques arbres, au fond des habitations.

253. — Le soir, paysage.

A droite, un rocher et des arbustes, à gauche une gorge étroite encombrée de quelques arbres.

254. — Le repos du voyageur.

Assis sur une longue pierre, un paysan se repose.

Toile, h. 0ᵐ31, l. 0ᵐ23.

255. — Diane et Actéon (esquisse).

Toile, h. 0ᵐ40, l. 0ᵐ30.

256. — Portrait de Daubenton.

Vu à mi-corps, tête nue, gilet blanc, habit de velours violet, au fond un paysage.

Toile, h. 0ᵐ48, l. 0ᵐ39.

257. — Portrait d'Aimé Piron.

Toile, h. 0ᵐ90, l. 0ᵐ70.

258. — Portrait de Berbisey.

A mi-corps vu de face, il porte la robe rouge doublée d'hermine, à la main il tient la toque de magistrat. Peint en ovale sur toile rectangulaire.

Toile, h. 0ᵐ92, l. 0ᵐ78.

259. — Portrait du Cardinal Le Camus.

La tête couverte d'une calotte. Il porte le camail rouge, au-dessus l'inscription.

Toile ovale, h. 0ᵐ65, l. 0ᵐ50.

ÉCOLE FRANÇAISE, XVIII° siècle.

260. — Portrait de l'abbé Calmelet, dernier commandeur de l'ordre hospitalier du Saint-Esprit de Dijon.

Voir note au dos.

Toile, h. 0^m61, l. 0^m58.

261. — Paysage.

A droite une route escarpée, un monticule boisé et une haute montagne, à gauche des rochers, au milieu paysage borné par des montagnes. Peinture dans le genre de Bertin.

262. — Paysage.

A droite une route où cheminent deux personnages, un berger et une bergère conduisent un troupeau près d'un bois, au pied des montagnes où sont des ruines, à gauche une cascade et des arbres.

Bois, h. 0^m26, l. 0^m41.

ÉCOLE FRANÇAISE, XIX° siècle.

263. — Etude de paysage.

Au premier plan de grands arbres et des plantes, au centre une maison et une forêt.

Toile, h. 0^m54, l. 0^m44.

264. — Paysage.

Dans un site agreste de grands arbres et quelques personnages, à droite des rochers.

Carton, h. 0^m31, l. 0^m24.

265. — Vue de Naples.

A droite on voit la ville, à gauche le Vésuve.

Toile, h. 0^m35, l. 0^m54.

266. — Fleurs.

Fleurs variées dans un vase, peinture sur porcelaine.

Rond, diamètre, 0^m24.

ÉCOLE ITALIENNE

ALBANI (Francisco, dit l'Albane, né en 1570 † 1660 (école italienne d'après).

267. — La toilette de Vénus.

Devant une superbe fontaine jaillissante Vénus à demi couchée reçoit divers ornements présentés par des amours, dans le ciel on voit son char tiré par des cygnes et conduit par des amours.

Toile. h. 0^{m}26, l. 0^{m}34.

BASSAN (Léandre), né en 1558 † 1623 (esquisse attribuée à).

268. — Jésus chasse les vendeurs du temple.

Les tables sont renversées, tous les marchands s'enfuient en désordre.

Toile, h. 0^{m}36, l. 0^{m}45.

BARBIERI (Giovanni Francesco) dit le **GUERCHIN**, né en 1591 † 1666 (attribué à).

269. — La vendange.

A mi-corps, un jeune homme à demi nu tient un pampre.

Toile, h. 0^{m}64, l. 0^{m}59.

BARBIERI (G.-F.) (attribué à).

270. — Le Christ couronné d'épines.

Vu à mi-corps, les épaules couvertes d'un manteau, de la main droite il s'appuie sur le bras d'un ange.

Toile sans cadre, h. 0^{m}80, l. 0^{m}90.

DOLCI (Carlo), né en 1616 † 1686 (attribué à).

271. — Ecce homo.

A mi-corps la tête couronnée d'épines, sur les épaules un manteau rouge.

Cuivre, h. 0^{m}28, l. 0^{m}22.

272. — La flagellation.

A mi-corps, le Christ couronné d'épines, les mains liées, le corps couvert d'une draperie est frappé par des soldats.

Toile, h. 0^{m}40, l. 0^{m}50.

GIORDANO (Luca), né en 1632 ✝ 1703.

273. — La vision d'un anachorète.

A mi-corps en prière penché sur un livre, apparait devant lui une jeune femme presque nue dont la chevelure retombe sur les épaules, elle retient une draperie qui s'envole.

Cuivre, h. 0m16, l. 0m21.

MONFREDI (Barthelemi) (attribué à).

274. — Le chat emmailloté.

Une jeune femme tient dans ses bras un chat emmailloté, un paysan lui présente de la bouillie, d'autres rient et tiennent des ustensiles de cuisine, scène burlesque.

Toile, h. 0m95, l. 1m35.

MORALES (Luis de), né vers 1509 ✝ 1586 (attribué à).

275. — Ecce homo.

A mi-corps le Christ couronné d'épines, le corps couvert de blessures, les mains liées, à demi couvert d'un long manteau, est présenté par le grand prêtre, au bas sur une plinthe est écrit en lettres dorées : Ecce homo qui ad mortem innocens profectus est agnus, etc.

Bois, h. 1m, l. 0m74.

MURILLO (Bartholome Esteban), né en 1618 ✝ 1682, école espagnole (attribué à).

276. — Les bulles de savon.

Un jeune garçon assis à demi nu fait des bulles de savon.

Toile, h. 0m67, l. 0m48.

NANINI (attribué à).

277. — Jésus dépouillé de ses vêtements.

Au milieu de la composition, deux soldats enlèvent à Jésus son vêtement ; à côté un homme tient l'inscription, un autre prépare la croix, à droite la Sainte Vierge, Saint Jean et une sainte femme, plus loin un groupe de cavaliers romains portant les enseignes.

Toile, h. 0m35, l. 0m50.

PALMA (Jacopo), dit le Jeune, 1541 ✝ 1628.

278. — L'adoration des bergers.

Au centre la Vierge présente l'enfant Jésus nu étendu sur un linge, à droite et à gauche des bergers en adoration, deux anges président à cette scène.

Toile, h. 0m37, l. 0m30.

PIAZZETTA (Jean-Baptiste), né en 1682 ÷ 1754.

279. — L'ivresse.

A mi-corps, une vieille femme, les yeux à demi clos, tient une bouteille d'une main, et une tasse de l'autre.
Toile, h. 0m76, l. 0m61.

SANZIO (Raphaello), né en 1483 ÷ 1520 (copie d'après).

280. — La Sainte famille.

La Vierge assise tenant l'enfant Jésus debout sur ses genoux, il s'approche de Saint Jean enfant tenu par Sainte Elisabeth.
Bois, h. 0m40, l. 0m30.

281. — L'assemblée des Dieux.

Copie d'après une fresque du palais Farnèse.
Toile, h. 0m40, l. 0m95.

ROSA (Salvator), né en 1615 ÷ 1673 (attribué à).

282. — Paysage.

Au premier plan un cavalier et un soldat armé d'une lance. A droite des arbres sur un tertre, au milieu une rivière coule sur un glacis, au fond un paysage.
Toile, h. 0m20, l. 0m27.

283. — Paysage (pendant du précédent).

A droite et à gauche des arbres, au milieu un cours d'eau, plus loin des monuments et des montagnes.
Toile, h. 0m20, l. 0m27.

284. — Paysage.

Au premier plan des cavaliers, à droite et à gauche des arbres, au second plan au milieu le baptême de Notre-Seigneur, à gauche une barque de chasseurs, plus loin sur une route un cavalier au galop, à l'horizon une ville.
Toile, h. 0m31, l. 0m40.

285. — Le départ, bataille.

Au premier plan, un corps de cavaliers sort précédé de trompettes se dirigeant sur la droite, au fond un paysage, pendant du précédent.
Toile, h. 0m31, l. 0m40.

ROOS (Jean-Henri), né en 1631 ÷ 1685.

286. — Paysage et animaux.

A droite, des moutons, un âne, un cheval et un bœuf en pâturage, à gauche un berger puis un paysan mettant en cage des volailles; plus loin, deux personnages en conversation, au fond paysage et quelques ruines. — Cadre ancien sculpté doré.
Toile, h. 0m70, l. 0m84.

TIEPOLO (attribué à).

287. — Sujet inconnu.

Des serviteurs apportent des fruits et des présents sur un plateau à un personnage en costume oriental, à droite un serviteur dresse une table. — Ancien cadre bois sculpté doré.

Toile, h. 0m61, l. 0m77.

VANNUCHI (Andrea), dit André del SARTO, né à Florence en 1488 † 1530 (attribué à).

288. — Sainte Vierge tenant l'enfant Jésus.

La Vierge assise vue de face, la tête couverte d'un voile, présente l'enfant Jésus au petit Saint Jean; à gauche, deux anges, fond de monuments en ruines et de paysage sur la droite.

Bois, h. 0m32, l. 0m40.

VELASQUEZ (Don Diego de Sylva y Rodriguez), né en 1599 † 1660.

289. — Portrait d'une infante d'Espagne.

Elle est debout de grandeur nature, la tête coiffée d'un petit bonnet, portant une longue robe soie brodée, de la main droite abaissée elle tient un chapeau orné de plumes, la main gauche posée sur la garde d'une épée retenue par une écharpe blanche, daté 1660, ætatis suæ 6 ans.

Toile, h. 1m15, l. 0m90.

ÉCOLE ITALIENNE, XVIe siècle.

290. — Sainte Marie-Magdeleine.

A mi-corps, la tête tournée à droite, tenant une croix, à côté un vase à parfums.

Bois, h. 0m46, l. 0m38.

291. — La Sainte Vierge et l'enfant Jésus.

Devant une table, la vierge assise tient l'enfant Jésus nu debout et l'embrasse.

Cuivre, h. 0m17, l. 0m13.

292. — La veuve Vénitienne.

A mi-corps, costume de deuil de l'époque, la tête couverte d'un voile.

Bois, h. 0m27, l. 0m20.

293. — La Sainte Vierge et l'enfant Jésus.

Vue à mi-corps devant une table, la tête couverte d'une draperie blanche, la robe ornée de broderies, un manteau retombant, le corsage entr'ouvert, l'enfant Jésus s'approche du sein.

Bois, h. 0m51, l. 0m38.

ÉCOLE ITALIENNE, XVIe siècle.

294. — La Sainte Vierge et l'enfant Jésus.

La Vierge à mi-corps, la tête couverte d'un voile bleu, elle tient dans ses bras l'enfant Jésus nu, qui tient de la main gauche une petite croix.

Cuivre ovale, h. 0m22, l. 0m18.

ÉCOLE ITALIENNE, XVIIe siècle.

295. — Paysage.

Cadre bois doré, toile ovale, h. 0m50, l. 0m42.

296. — Sainte Magdeleine.

A gauche dans une grande solitude, Magdeleine couchée sur une natte, le corps à demi nu, les mains jointes est en prière, à droite, au loin, un paysage.

Toile, h. 0m49, l. 0m41.

297. — Mater dolorosa.

Cadre ancien bois doré, h. 0m37, l. 0m25.

298. — Une Sainte martyre.

Elle montre le ciel, un livre entr'ouvert posé sur ses genoux, de la main gauche elle tient une palme, au fond des arbres et l'horizon.

Toile, h. 0m94, l. 0m77.

299. — Ganymède.

Jupiter sous la forme d'un aigle enlève Ganymède, il reçoit d'Hébé une coupe d'or. Tout en haut à gauche, on voit un festin des Dieux.

Toile, h. 0m56, l. 0m46.

300. — Vénus et l'Amour.

Toile, h. 0m14, l. 0m10.

301. — Paysage.

Au premier plan un chevrier debout s'appuie sur un bâton, une jeune femme assise près de lui ouvre un panier, plus loin au milieu un pont en ruines ; à droite, sur une colline, un temple antique, à gauche, paysage et ruines.

Toile, h. 0m56, l. 0m77.

302. — Apparition de la Sainte Vierge.

La Vierge dans les nues apparaît à Saint Etienne et à Sainte Marie-Madeleine. Peinture sur marbre, agate de Florence, arrondi par le haut, cadre bois doré.

H. 0m20, l. 0m16.

ECOLE ESPAGNOLE, XVII° siècle.

303. — L'avare puni.

Il est debout enchaîné, courbé sous le faix d'un démon accroupi sur ses épaules ; à droite, un autre démon lui montre un siège au milieu des flammes ; à gauche un ange tient une banderole portant une inscription et de la main gauche élevée vers le ciel lui montre un siège dans une gloire. Cadre bois, ornements en pâte, doré.

Toile, h. 0m96, l. 1m28.

304. — Apparition de la Sainte Vierge.

Dans les nues entourée d'une gloire d'anges, la Sainte Vierge tenant l'enfant Jésus apparaît à deux saints en extase.

Toile, h. 0m39, l. 0m42.

ÉCOLE ITALIENNE, XVIII° siècle.

305. — La douleur d'Arthémise.

Assise près d'un mausolée, Arthémise s'abandonne à la douleur.

Toile, h. 0m55, l. 0m67.

306. — Vue du canal à Venise.

De chaque côté du canal on voit des palais.

Cuivre, h. 0m27, l. 0m22.

ÉCOLE ITALIENNE, XVII° siècle.

307. — Ermite en méditation.

Il est assis, le bras droit appuyé sur un livre ouvert posé sur un accident de terrain, de la main gauche, il tient une tête de mort.

Toile, h. 0m90, l. 0m40.

308. — Sous ce numéro seront vendus les tableaux omis au catalogue.

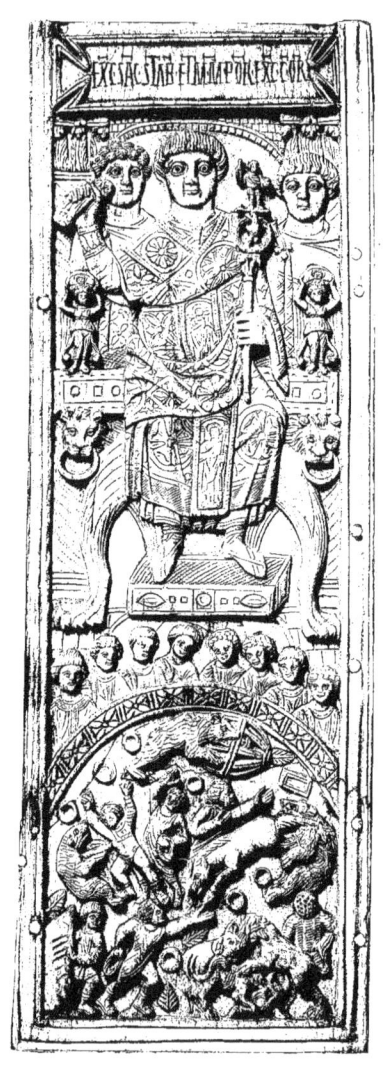

N° 309

PLAQUE CONSULAIRE DE STILICON. *Ve siècle*.

IVOIRES SCULPTÉS

309. — Plaque de diptyque consulaire, v° siècle.

Cette pièce capitale est décrite dans plusieurs ouvrages, notamment dans Montfaucon, 3° volume, dans les arts au moyen âge de Du Sommerard, etc.
Elle a fait successivement partie des cabinets d'antiquités de MM. de La Marre, du Tillot, de Vesvrottes d'où finalement elle est entrée dans la collection Baudot, grand-père des propriétaires actuels. M. Louis-Bénigne Baudot dans un manuscrit sur les antiquités de Dijon donné par la famille à la bibliothèque de la ville en fait, après un court historique, la description suivante :

« On y voit la figure du consul tenant d'une main le Scipio ou Sceptre d'ivoire surmonté
« d'une aigle et terminé par un buste qui représente l'empereur qui régnait alors, de
« l'autre la mappa circensis et qui était le signal avec lequel on annonçait le commence-
« ment des jeux.
« Le consul y est revêtu de cette espèce de tunique appelée ou Fascia consularis ou colo-
« bium au dessous de laquelle parait la robe brodée Toga picta ; — il est assis sur le
« trône d'ivoire qu'on nommait Sella curialis. Quoique l'on n'ait que la moitié du dipty-
« que qui fait le sujet de cet article, c'est-à-dire une seule tablette comme dans celui de
« la bibliothèque du roi, cependant comme il y a une inscription on n'est pas tout à fait
« réduit à deviner, comme a fait M. du Cange, en expliquant ce dernier. M. de Mau-
« tour croit qu'on doit lire ainsi les lettres capitales qui y sont gravées :
Ex Sacri stabuli et magister militum per orientem ex consul consul ordinarius.
« Et il prétend que c'est à Stilicon à qui tous ces caractères conviennent, qui est repré-
« senté sur ce diptyque. Stilicon après avoir été consul pour la première fois sous l'em-
« pire d'Honorius en l'an 400, le fut une deuxième fois en 405 avec Flavius Anthémius.
« M. de Mautour confirma son opinion par deux inscriptions rapportées dans Gruter, pages
« 412, 3 et 4, dans lequel Stilicon est nommé magister equitum pedum comes bis con-
« sul magister utriusque militiæ comes stabuli, etc., qualités qui sont écrites sur le dipty-
« que comme dans ces deux inscriptions et qui se trouvent toutes réunies dans ce grand
« personnage, neveu par Séréna, sa femme, du grand Théodose deux fois beau-père
« d'Honorius et vainqueur des deux plus redoutables ennemis de l'empire, Alaric, roi
« des Goths et Hadagaise, roi des Huns.
« Les historiens parlent des grandes charges qu'il occupa, mais personne ne fait mention
« de celle de comes sacri stabuli qui se trouvant sur le diptyque et dans la seconde ins-
« cription de Gruter avec le nom de Stilicon autorise M. de Mautour à croire que ce
« monument représente ce grand capitaine. Stilicon possédait aussi la charge de Magister
« equitum per orientem dont Zosime détermine l'établissement fixé sous le grand Cons-
« tantin. Claudien vante les exploits que ce général fit sur les Ibériens, les Arméniens, les
« Saces, les Mèdes et quelques autres peuples où il rétablit la paix et la tranquillité.
« Le poète qu'on vient de nommer dit aussi que Rome avant décerné le consulat à Stilicon
« lui donna les marques de cette dignité telles qu'on les voit sur ce diptyque. Ipta tibi
« Trabeus ultra dedit ipsa curulem obtulit... etc.

« Enfin ce qui achève de confirmer l'application qu'on vient de faire de ce diptyque à Sti-
« licon c'est la description des jeux qu'il donna pendant son second consulat.
« Claudien parle des différents animaux qui y furent exposés et qui sont les mêmes qu'on
« voit sur le diptyque. Le poète feint que Diane les avait assemblés pour rendre ces jeux
« plus brillants et plus magnifiques.
« Tum virides pardos et cætera colligit austri prodigia immanes que Simul Latonia den-
« tes, etc.
« Pour ce qui regarde les autres figures qui accompagnent dans ce diptyque celle du con-
« sul, M. de Mautour dit que l'une de celles qui sont à côté représente Eucher ou Eu-
« charius, son fils, qui étant né en 389 pouvait avoir environ 14 ans l'an 403 qui est le
« temps du second consulat de son père et celui où l'on croit que fut fait ce diptyque, l'au-
« tre figure est apparemment celle de quelque officier de considération. Parmi les huit
« figures d'hommes et de femmes qui sont en bas dans une espèce d'amphithéâtre M. de
« Mautour croit y apercevoir Séréna, femme de Stilicon, qui mourut en 408, et ses deux
« filles Marie et Thermancie qu'Honorius épousa successivement, leurs habillements et
« leurs coiffures l'ont déterminé à penser ainsi. »

Dans la revue encyclopédique de 1811, Millin attribue ce diptyque à Aréobindus, mais sans donner les raisons qui l'ont déterminé à cette attribution, que MM. Daremberg et Saglio ont répétée sans la contrôler dans le dictionnaire des antiquités romaines en voie de publication.

Tous les anciens auteurs qui ont décrit ce diptyque sont unanimes pour la traduction de l'inscription abrégée et pour l'attribuer à Stilicon.

Voici maintenant la copie et traduction d'une ancienne note de M. du Tillot qui accompagne cette plaque. « Selon M. du Cange voici l'explication de ce diptyque d'ivoire.
« Mais si je ne me trompe, dit-il, dans une lettre écrite à Philibert de Lamarre, très intègre
« conseiller au parlement de Dijon, ces caractères abrégés signifient : Ex comes sacri
« Stabuli et magister militum per orientem, ex consul consul ordinarius. De cette inscrip-
« tion, dis-je, il sera facile de découvrir à quel consul appartient ce diptyque. Stilicon
« fut consul avec Anthémius l'an de J.-C. 405, comme cela résulte d'une ancienne ins-
« cription dans Gruter 412, 4, dans laquelle il est appelé deux fois consul ordinaire,
« maître de l'une et l'autre milice, comte des domestiques et Stabuli Sacri — Maître de la
« milice en Orient, dignité dont il est fait mention dans la notice de l'Empire et chez les
« écrivains lorsqu'il obtint le second consulat. — Nous citerons particulièrement Clau-
« dien, Eloge de Stilicon, 1re P. 1.
« Ce diptyque est le 5e connu des antiquaires et M. du Cange a publié celui de la bibliothè-
« que du roi.
« Willhémius a donné ceux de Liège, Bourges et Compiègne. Symmaque, dans plusieurs de
« ses lettres, et Cassiodore, livre 5 de ses mélanges, explique doctement ce que c'est
« qu'un diptyque et quand il était envoyé.
« Ce fragment d'antiquité est venu entre mes mains en 1718, sortant du cabinet du très
« docte Philibert Delamarre, très intègre conseiller au parlement de Dijon.
« M. Moreau de Mautour, auditeur en la Chambre des Comptes de l'académie des inscrip-
« tions et belles lettres, m'envoia, en 1718, une dissertation manuscrite sur ce diptyque.
« Le père de Montfaucon, dans le 3e volume du supplément de ses antiquités, en a donné la
« figure et la description, p. 232.

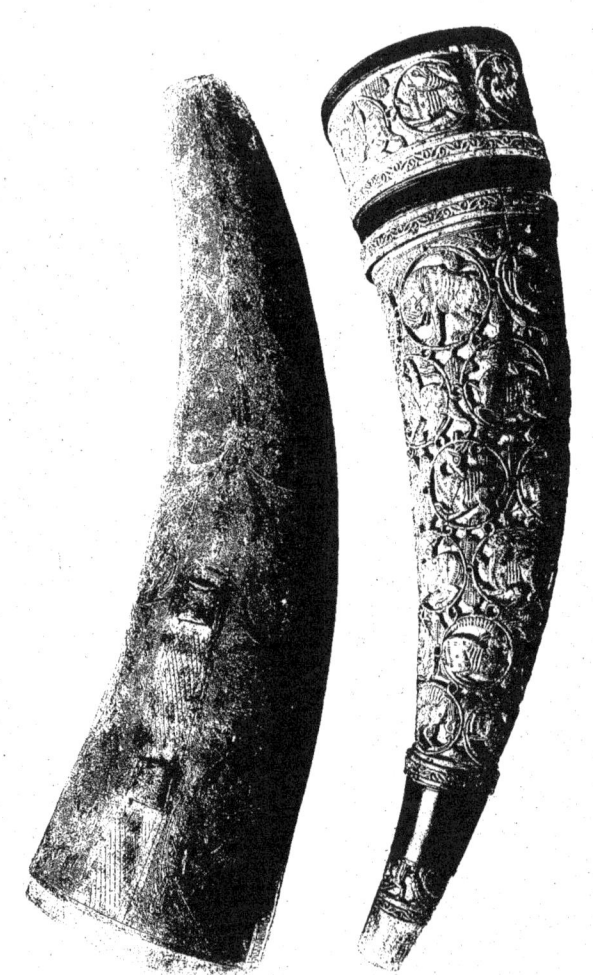

N° 310. — OLIFANT ET SON ÉTUI

« Il est encore parlé de ce diptyque dans la vie de M. Delamarre écrite en latin par M. de
« Chevanne, histoire de l'académie des inscriptions, t.V, p. 300 et suivantes. »

H. 0^m38, l. 0^m13.

310. — Olifant, xe siècle, et son étui cuir gravé.

Cet important et intéressant cor est divisé en trois zones, la première du côté de l'embouchure présente quatre animaux quadrupèdes et oiseaux fantastiques, cette zone est fermée par une bande étroite dans laquelle court, entre deux minces filets, un rinceau.
La deuxième zone occupe les trois quarts de la longueur et présente six rangs d'enroulements circulaires formés d'une brindille se reliant les uns avec les autres et contenant chacun un animal fantastique, on y voit des oiseaux, un cormoran tenant dans son bec un poisson, une harpie vautour à tête de femme et d'autres oiseaux ; parmi les quadrupèdes on y voit un éléphant à longue trompe recourbée, un lion dont la queue se termine en une tête d'animal, une licorne et d'autres animaux et au-dessus un guerrier tenant une épée et un bouclier rond portant un costume à bandes longitudinales et les jambes couvertes de mailles.
La troisième zone est ornée de huit oiseaux et quadrupèdes, séparée de la précédente par deux bandes semblables à celle du haut, mais séparée elle-même par un couloir uni destiné à recevoir une monture pour faciliter le port de cet objet. Cet olifant a un ancien étui dans lequel il a été conservé, cet étui est en cuir gravé et ciselé présentant sur deux faces de longues feuilles d'acanthe élancées en rinceaux, d'une grande finesse de travail, les deux faces sont séparées par une bande granitée munie de deux brides destinées à recevoir une courroie pour le suspendre à la ceinture, l'extrémité était fermée par un couvercle absent aujourd'hui.
L'état de conservation de l'olifant est très satisfaisant, nous signalerons une fissure et deux petites ébrèches.
Suivant une note laissée par M. Baudot, cette pièce proviendrait du couvent des Bénédictins.

L. 0^m60, d. 0^m13.

311. — Olifant, travail français, xiiie siècle.

Ce cor est uni légèrement recourbé, il est à huit pans, divisé en deux zones par des bagues.

L. 0^m40, d. 0^m045.

312. — Olifant, travail français, xiiie siècle.

Légèrement recourbé à embouchure latérale, orné seulement à sa partie supérieure d'ornements en feuillages.

L. 0^m32, d. 0^m05.

313. — Olifant, travail français, xive siècle.

Ce cor est tout uni, de forme légèrement recourbée, à embouchure latérale peu élevée, quatre traits au-dessus figurant des anneaux et cinq à l'extrémité.

L. 0^m32, d. 0^m06.

314. — Olifant, travail français, XVe siècle.

Ce cor de forme cylindrique et très légèrement recourbé est tout uni, à embouchure latérale.
L. 0m38, d. 0m075.

315. — Olifant, travail italien, XVe siècle.

Ce cor légèrement recourbé, uni à sa partie inférieure, divisé en trois zones par des anneaux, dont une est couverte de guillochures.
L. 0m27, d. 0m055.

316. — Baiser de paix, travail français, XIVe siècle.

Saint Denis en habit épiscopal, tient dans ses deux mains sa tête mitrée, deux anges le conduisent.
H. 0m15, l. 0m08.

317. — Plaque de diptyque (travail français fin du XIVe siècle).

Sous des arcatures d'ogives trilobées, la Vierge assise devant une stalle tenant de la main gauche l'enfant Jésus debout faisant le geste de la bénédiction. De chaque côté un ange, l'un joue de la viole et l'autre de la mandoline.
H. 0m09, l. 0m05.

318. — Feuillet de diptyque, travail français (XIVe siècle).

Ce volet est divisé en deux registres, le premier registre présente, sous quatre arcades ogivales, le Christ en croix d'un côté Saint Jean et des Juifs, de l'autre la Vierge et les saintes femmes.
Le second registre présente l'étable, la Vierge couchée près de l'enfant Jésus et saint Joseph debout.
H. 0m11, l. 0m085.

319. — Feuillet de diptyque (fin du XIVe siècle).

Le Christ en croix, à sa droite la Sainte Vierge un poignard sur le cœur, Saint Jean et une sainte femme, à gauche des Juifs. Cette image est placée sous une arcade en ogive trilobée ornée de feuilles.
H. 0m15, l. 0m09.

320. — Bas-relief os. Travail italien, XVe siècle.

Dans un cadre à incrustations (dites à la certosine) sont placés trois bas-reliefs présentant des personnages en pied, débris d'un coffret italien.
H. 0m15, l. 0m13.

321. — Plaque de diptyque, travail français XVe siècle.

Divisée en quatre registres par des ogives trilobées surmontées de toits et de pinacles, le premier présente Jésus au jardin des Oliviers, le deuxième la Cène, le troisième l'Annonciation, le quatrième la Nativité de N.-S.-J.-C.
H. 0m14, l. 0m075.

322. — Diptyque, travail français, XVᵉ siècle.

Chacun des deux volets est divisé en deux registres par une bande droite qui rejoint les deux côtés. Le volet de gauche en haut présente Judas vendant Jésus, au bas le Christ en croix ayant à ses côtés la Vierge et Saint Jean ; le volet de droite en haut Judas pendu et la flagellation ; au bas, la mise au tombeau.

H. 0ᵐ17, l. ouvert 0ᵐ19.

323. — Manche de couteau, travail français XVIᵉ siècle.

Formé d'une statuette, le Dieu Mars, il porte un casque et l'armure antique, chaussé de cothurnes.

H. 0ᵐ085.

324. — Manche de couteau, travail français XVIᵉ siècle.

Hercule nu tenant la massue d'une main, de l'autre un bouclier qui lui couvre la moitié du corps, à ses pieds le lion.

H. 0ᵐ09.

325. — Manche de couteau, travail allemand, XVIIᵉ siècle.

Sur un socle carré, orné sur chacune de ses faces de carquois et d'arcs, deux enfants se tiennent embrassés.

H. 0ᵐ09.

326. — Pied de coupe, groupe, travail français, XVIIᵉ siècle.

Quatre enfants nus debout séparés par des dauphins qui les entrelacent, trois enfants sont vus de face, le quatrième de trois quarts de dos.

H. 0ᵐ16, diam. 0ᵐ11.

327. — Vidrecome, travail flamand, XVIIᵉ siècle.

L'ivoire de forme cylindrique est monté en argent doré, base, anse et couvercle ornés de feuilles repoussées style de l'époque. Sur la panse, un peu plus large à la base qu'au sommet sont représentés des nymphes nues et des amours dansants se détachant sur un fond de draperies nouées en festons.

H. 0ᵐ23, diam. 0ᵐ14.

328. — Ceinture de moine, travail français, XVIIᵉ siècle.

Formée d'une bande d'étoffe, terminée d'un côté par une plaque d'ébène présentant en bas-relief ivoire, d'un côté Saint Bruno et de l'autre Saint Antoine, l'autre se ferme par une agrafe en bois d'ébène couvert de feuilles en rinceaux ; au milieu de la ceinture une tête d'ange bronze doré, dessous est suspendu un rosaire formé de grains en ivoire terminé par une croix et une médaille également d'ivoire sculpté présentant d'un côté Sainte Madeleine, de l'autre Saint Dominique.

329. — Bas-relief dessus de boîte, travail français, XVIIe siècle.

Saint Georges, vainqueur du dragon, il lui verse sur la tête l'eau du baptême, au fond des arbres et un paysage.

Forme ovale, h. 0m08, l. 0m10.

330. — Coupe ovale, travail français, XVIIe siècle.

D'une grande richesse d'ornementation, dans le goût de le Pautre, sur la panse court un enroulement de feuilles d'acanthe d'où sortent des amours, des sujets mythologiques et des animaux, l'intérieur est doublé en bronze doré.

H. 0m10, grand diam. 0m145, petit diam. 0m125.

331. — Vidrecome, travail allemand, XVIIIe siècle.

Monté sur une tige torse, le vase présente dans le pourtour un cerf poursuivi par des chiens, dans le haut une suite de feuilles d'acanthe.

H. 0m14, d. 0m04.

332. — Bas-relief, travail français, XVIIe siècle.

La Vierge assise au pied de la croix soutient le corps du Christ, bas-relief ivoire cintré en haut dans un cadre bois noir.

H. 0m14, l. 0m07.

333. — Bas-relief, travail flamand, fin XVIIe siècle.

Scène galante ivoire sculpté, dessus de boîte.

334. — Bas-relief, travail flamand, XVIIe siècle.

Dans une taverne flamande, des gens ivres et des buveurs, dessus de boîte.

335. — Baiser de paix, travail français, XVe siècle.

De forme convexe et cintrée vers le haut, sous une arcature trilobée, Sainte Appoline tenant d'une main des tenailles, instrument de son supplice, de l'autre un livre ouvert.

H. 0m095, l. 0m065.

336. — Baiser de paix, travail français?

Le Christ en croix, d'un côté la Vierge, de l'autre Saint Jean, sous une arcade trilobée ornée de feuilles supportée par deux colonnettes.

H. 0m09, l. 0m06.

337. — Baiser de paix, travail français.

Le baptême de N.-S. J.-C. Sous une arcade ogivale, Saint Jean verse l'eau ; un ange est à son côté. Dans les nues, le Père Eternel et le Saint Esprit. Ce baiser de paix est de forme convexe et cintré à sa partie supérieure.

H. 0m14, l. 0m08.

338. — Triptyque, travail français, XVIe siècle.

Le milieu présente l'annonciation, la Vierge à genoux devant un prie-Dieu, l'ange Gabriel. Le côté droit, deux saints martyrs. Le côté gauche, les disciples d'Emmaüs, ces trois plaques sont fixées sur bois.

H. 0m11, 1. 0m17.

339. — Ecce homo (statuette ivoire), travail français.

Debout couronné d'épines, les mains liées tenant un roseau et couvert d'un manteau.

H. 0m11.

340. — La Sainte Vierge, pendant du précédent.

Elle est debout, la tête inclinée, les cheveux retombant derrière, portant un ample manteau.

H. 0m11.

341. — Ecce homo (bas-relief ivoire), travail italien ? XVIIe siècle.

A mi-jambes, le Christ à demi-nu, les mains liées derrière, entre deux soldats qui le dépouillent.

H. 0m11, 1. 0m06.

342. — Sainte Madeleine (haut-relief), travail français, XVIIe siècle.

Elle est à genoux devant un autel rustique formé de pierres surmontées d'une croix, la main gauche sur la poitrine, le bras droit abaissé, elle regarde le ciel, deux anges lui apparaissent portés sur des nuages d'où sortent des rayons dorés, lui montrent l'inscription de la croix, devant elle des enfants nus, l'un portant un vase à parfums, l'autre montrant le ciel; plaque à pièces rapportées, encadrée d'une moulure bronze doré cintrée en haut.

H. 0m26, 1. 0m18.

343. — Bas-relief, travail italien, XVIIe siècle.

Sur un autel formé de deux colonnes à balustre terminé par un fronton et des anges, la Vierge est en adoration devant l'enfant Jésus, sur fond ébène.

H. 0m12.

344. — Bas-relief, travail allemand, XVIIe siècle.

Dessus de boîte présentant un jeune homme portant un vase entre deux personnages.

H. 0m05, 1. 0m07.

345. — Bas-relief, travail français, XVIIIe siècle.

Deux génies, portés sur des nuages, entourent de guirlandes de lauriers un médaillon ajouré présentant au centre le buste en profil de Louis XV se détachant sur un fond de velours, tête laurée, portant une cuirasse, un manteau attaché sur l'épaule, regarde à droite. Cadre ébène à guillochures.

H. 0m10, 1. 0m135.

346. — Petit triptyque, travail français.

Au milieu, sous une arcade ogivale, la vierge portant l'enfant Jésus. Les deux volets présentent, sous la moitié d'un arc ogival, un ange tenant un cierge; plaques d'ivoire montées sur bois.

H. 0^{m}11, l. 0^{m}17 ouvert.

347. — Saint Michel, travail italien, XVIIIe siècle.

L'archange, les ailes déployées, couvert de la cuirasse antique, et d'une écharpe à laquelle pend une épée, armé d'une lance qu'il tient à deux mains, frappe le démon terrassé sous ses pieds; groupe ivoire sur terrasse, bois sculpté.

H. 0^{m}32.

348. — Saint François d'Assise, travail italien, XVIIe siècle.

Statuette bois et ivoire, la tête, les mains et les pieds sont seuls en ivoire, le corps est en bois.

H. 0^{m}30.

349. — Diptyque, travail italien.

Le volet de droite présente dans un cadre orné d'incrustations à la certosine, creusé et garni de plaques d'ivoires portant des inscriptions, un saint évêque couché, vêtu de ses habits épiscopaux, mitre, chape, un livre fermé sur la poitrine, de la main gauche il tient une croix processionnelle, la crosse est posée de l'autre côté, à ses pieds une inscription.

Le volet de gauche dans les mêmes conditions, un saint évêque couché, les deux mains jointes posées sur un livre ouvert, la croix processionnelle à gauche, la crosse du côté droit (Copie des tombeaux des Sforce, note de l'amateur).

H. 0^{m}33, l. 0^{m}42, ouvert.

350. — Groupe, travail flamand, XVIIe siècle.

Composé de deux personnages debout, le premier coiffé d'un chapeau à larges bords, vêtu d'une tunique serrée à la taille, chaussé de cothurnes, tient un chien en laisse, près de lui une dame en costume Louis XIII tient d'une main une couronne de roses, et appuie contre elle une houlette.

H. 0^{m}12.

351. — Sainte Anne, statuette ivoire, travail français, XVIIe siècle.

Elle est debout, les deux mains jointes et relevant le manteau.

H. 0^{m}13.

352. — La Sainte Vierge, statuette ivoire, XVIIe siècle.

Cette statuette provient sans doute d'un petit calvaire.

H. 0^{m}095.

353. — Saint Charles Borromée, statuette ivoire, XVIIe siècle.

Il porte le rochet et le camail.

H. 0^{m}08.

354. — Jésus enfant, travail espagnol, XVIIᵉ siècle.

Entièrement nu, de la main droite il fait le geste de la bénédiction, de la main gauche il tient une croix.
H. 0ᵐ195.

355. — Statuette, travail espagnol, XVIIᵉ siècle.

En habit de moine, couvert d'un manteau, les mains recroisées sur la poitrine.
H. 0ᵐ16.

356. — Statuette, travail espagnol, XVIIᵉ siècle.

La vierge debout, tête nue, cheveux retombants sur les épaules, vêtue d'une longue robe serrée à la taille par une ceinture, couverte d'un ample manteau, elle joint les mains. Ivoire teinté en quelques parties.
H. 0ᵐ195.

357. — La vierge et l'enfant Jésus, statuette. Travail français, XVIIᵉ siècle.

Debout vêtue d'une longue robe serrée à la taille par une ceinture, elle tient l'enfant Jésus de la main gauche, et relève son manteau de la main droite, foulant à ses pieds un serpent.
H. 0ᵐ135.

358. — La vierge et l'enfant Jésus, statuette. Travail français XVIIᵉ siècle.

La vierge, vêtue d'une longue robe, couverte d'un ample manteau, tient l'enfant Jésus sur le bras gauche ; de la main droite elle présentait un sceptre (absent).
H. 0ᵐ17.

359. — Sainte Thérèse, travail français, XVIᵉ siècle.

Elle est à genoux, la tête couverte d'un voile, elle porte une robe avec une guimpe et le scapulaire, penchée en arrière, les bras abaissés, la tête élevée, les yeux fixés vers le ciel.
H. 0ᵐ155.

360. — La vierge et l'enfant Jésus, travail français, fin du XVIᵉ siècle, statuette.

Debout, la tête couverte d'un voile, les cheveux retombants, la robe brodée semée de fleurs de lys, un manteau descendant en plis nombreux, elle tient de la main gauche l'enfant Jésus, et un sceptre terminé par une fleur de lys qu'elle présente de la main droite.
H. 0ᵐ22.

361. — La vierge et l'enfant Jésus, statuette, travail français XIVᵉ siècle.

Assise sur un siège bas, vêtue d'une longue robe et d'un ample manteau descendant en plis nombreux, la tête couverte d'un voile retenu par une couronne fleuronnée, elle tient à gauche l'enfant Jésus assis sur ses genoux, qui tient à deux mains une colombe. (Il manque la main droite de la vierge devant présenter un objet).

H. 0ᵐ10.

362. — La Vierge et l'enfant Jésus, travail français XIVᵉ siècle.

Assise sur un banc à moulures, la Vierge vêtue d'une longue robe et d'un manteau, la tête ceinte d'une couronne à fleurons retenant un voile tient sur ses genoux l'enfant Jésus qu'elle allaite.

Groupe ivoire, h. 0ᵐ10.

363. — Hercule Farnèse. statuette, travail italien, XVIIIᵉ siècle, ébauche.

Debout appuyé sur sa massue, la main droite derrière le dos.

H. 0ᵐ07.

364. — Statuette ivoire, travail hollandais XVIIIᵉ siècle.

La marchande de poissons; en costume hollandais du XVIIIᵉ siècle, elle tient de la main gauche deux poissons.

H. 0ᵐ06.

365. — Saint Etienne, statuette, travail français XVIIIᵉ siècle.

En habit de diacre, il tient dans sa dalmatique des pierres. En pied sur socle ajouré.

H. 0ᵐ06.

366. — Enfant jouant du tambour, statuette ivoire, travail français XVIIIᵉ siècle.

Debout entièrement nu il frappe son tambour (une baguette est brisée).

367. — Jean qui pleure et Jean qui rit, travail français XIXᵉ siècle.

En buste, chacun de ces enfants montés sur des piédouches, ébène et ivoire.

Hauteur des bustes, 0ᵐ04.

368. — Manche de couteau de chasse, travail flamand XVIᵉ siècle.

Adam et Eve contre l'arbre, entre eux le serpent, au-dessus le feuillage.

H. 0ᵐ09.

369. — Manche de poignard? travail français XVIᵉ siècle.

Un lion accroupi sur un dragon tient sous sa patte une armoirie.

H. 0ᵐ10.

370. — Vase cylindrique, travail allemand.

La panse est ornée d'enroulements de ceps de feuilles de vigne et raisins formant quatre médaillons présentent les quatre évangélistes avec leurs attributs.

H. 0ᵐ13, diam. 0ᵐ11.

371. — Seau à eau bénite, travail italien. — Ivoire de forme cylindrique plus large en haut qu'en bas.

Il est orné de cinq sujets, séparés les uns des autres par des portiques, le premier présente la vierge assise tenant l'enfant-Jésus que deux anges adorent, puis les quatre évangélistes avec leurs attributs, au-dessus on lit des inscriptions.

H. 0^m19, diam. supérieur 0^m11.

372. — Vidrecome, travail allemand.

Le vase est de forme cylindrique, le bas-relief qui le décore représente un combat et une chasse, entre ces deux sujets, un médaillon personnage en costume du XVIIe siècle.

H. 0^m11, diam. 0^m10.

373. — Rape à tabac, travail français, XVIIIe siècle.

Elle est complète, munie de sa rape de fer, l'extérieur est gravé de divers sujets chinois.

374. — Plaque de rape à tabac, travail français, XVIIIe siècle.

Bas-relief, Arlequin buveur dansant.

375. — Autre plaque de rape à tabac, travail français, XVIIIe siècle.

Présentant la chaste Suzanne (bas-relief).

376. — Autre plaque de rape à tabac, travail français, XVIIIe siècle.

Dans le haut une grappe de raisins, au-dessous une bacchante dansant (bas-relief).

377. — Autre plaque de rape à tabac, travail français, XVIIIe siècle.

Prométhée attaché au rocher (bas-relief).

378. — Plaque rectangulaire, bas-relief, travail français.

Jésus guérit un possédé, il est debout la main droite en geste de bénédiction, à côté de lui se tient saint Pierre, en face des juifs tiennent un possédé, le démon sort de sa bouche, cadre ancien bois sculpté.

H. 0^m10, l. 0^m07.

379. — Plaque. Travail allemand, XIIe siècle.

Saint Pierre debout, portant les clés et une inscription sur laquelle on lit Sancte Petrus; vêtu d'une longue tunique, les pieds appuyés sur un dôme supportés par un rang de colonnes et de chaque côté des personnages en prières.

H. 0^m14, l. 0^m07.

380. — Vase monté sur pied ivoiré, travail allemand.

Sur la panse d'un côté est sculpté en bas-relief un médaillon buste d'homme, de l'autre côté l'armoirie de la Saxe.

H. 0^m14.

381. — Lunette d'approche, travail italien, XVIIe siècle.

Divisée en plusieurs zones par des guillochures et formée aux deux extrémités par des calottes vissées.

Long. 0m20.

382. — Pilon à tabac, travail flamand, XVIIe siècle.

De forme circulaire divisé en deux zones, la première présente des bustes de femme, la seconde des amours tenant un verre, cet objet est en os.

H. 0m16.

383. — Pot à tabac, travail allemand.

Le pourtour présente d'un côté une chasse au cerf, suivie d'une chasse au sanglier, sur le couvercle des attributs de chasseur.

H. 0m24, diam. 0m12.

384. — Vase, travail oriental.

Le pied est formé par des branchages et quatre figures de soldats et de femmes portant le vase divisé en plusieurs parties par des bandes à perles posées verticalement, autour de la panse des cordelettes, au-dessus une statuette à deux faces tenant élevée une banderole, ce vase, divisé en deux parties, s'ouvrait autrefois à charnière et se fermait à secret, la charnière manque ainsi que la serrure.

H. 0m35.

385. — Bas-reliefs, travail chinois, XVIIIe siècle.

Manche d'écran présentant des arbustes et des fleurs.

386. — Bas-relief pendant du précédent.

Présente les mêmes objets.

L. 0m13.

387. — Peigne, travail indien.

Au milieu une divinité indienne tenant de chaque main une branche de feuilles, travail ajouré.

H. 0m11, l. 0m085.

388. — Diptyque, travail allemand.

Le volet de gauche présente sous une arcature ogivale surmontée d'un pinacle portée sur deux colonnettes, le Christ et des pharisiens ayant présenté le denier de César, le second volet montre le Christ leur disant: Rendez à César ce qui est à César et à Dieu ce qui est à Dieu.

H. 0m40, l. 0m28 ouvert.

389. — Triptyque en os, travail allemand.

Au milieu, divisé en deux compartiments, Saint Marc et Saint Luc, les deux volets présentent chacun deux saints.

H. 0m20, l. 0m17.

390. — Bas-relief, travail allemand.

Présente deux saints, l'un vêtu de la cuirasse antique, porte un vexillum, le deuxième vêtu d'une longue robe porte un long bâton surmonté d'une croix dans un cadre ancien, bois sculpté.　　　　　　　　　　　　　H. 0m14, l. 0m65.

391. — Médaillon, travail français.

Présentant en buste François Ier, roi de France, entouré d'ornements sculptés, bas-relief, Cadre rond cuivre doré.　　　　　　　Diam. 0m038.

392. — Fuseaux, travail français, XVIIe siècle.

Ces deux fuseaux, légèrement renflés au milieu, sont ornés de dessins gravés.

393. — Cure-oreilles, travail français XVe siècle.

Petite main tenant un cure-oreilles, le haut du manche est brisé.

394. — Bas-relief, travail indien très ancien.

De forme circulaire divisé en trois zones, la première présente les indiens à genoux en attitude de la prière, les deux autres présentent une procession.
　　　　　　　　　　　　　　　　H. 0m14, diam. 0m05.

395. — Manche de poignard, travail de l'Inde XVe siècle.

Une divinité sous la forme d'une femme accroupie couverte de riches parures, portée sur des flots.　　　　　　　　　　　　　H. 0m09.

396. — Sous ce numéro seront vendus les objets d'ivoire qui auraient été omis au catalogue.

ÉMAUX CHAMPLEVÉS ET ÉMAILLÉS
ET OBJETS RELIGIEUX

397. — Plaque, cuivre champlevé et émaillé, travail français; Limoges, XIIIe siècle.

De forme circulaire, présente au milieu, une armoirie de gueule à trois lions passants d'or; à droite et superposés, sur fond bleu orné de tiges recourbées en rinceaux.
　　　　　　　　　　　　　　　　　　　　D. 0m08.

398. — Plaque, cuivre champlevé émaillé, travail français, Limoges, XIII° siècle.

Présente, en cuivre gravé, un chasseur tenant un chien en laisse et sonnant du huchet; sur fond bleu lapis orné de tiges terminées en feuilles recourbées en rinceaux; au bas émaillé vert avec le même enroulement.

D. 0ᵐ08, pendant du précédent.

399. — Plaque, cuivre champlevé émaillé, travail français, Limoges, XIII° siècle.

Présente, en cuivre gravé, un fantassin combattant, la main droite armée d'une pique, au bras gauche un bouclier, fond émail bleu lapis, orné de rinceaux terminés en feuilles, terrain émail blanc.

D. 0ᵐ08, pendant des précédentes.

400. — Plaque, cuivre champlevé émaillé, travail français, Limoges, XIII° siècle.

Présente, en cuivre gravé un cavalier combattant, il tient son épée élevée prêt à frapper; de son bras gauche, il pare avec un bouclier, en forme d'écusson portant un lion gravé fond émail bleu lapis, orné de rinceaux cuivre gravé; au bras trois bandes ondées séparées par un trait de cuivre gravé.

D. 0ᵐ08, pendant des précédentes.

401. — Plaque, cuivre champlevé émaillé, travail français, Limoges, XIII° siècle.

Présente, en cuivre gravé, une lutte de deux personnages, celui de droite tient son adversaire par les cheveux prêt à le frapper de la main gauche, tandis que le second prend le bras de son ennemi et prêt à le frapper, fond bleu lapis, orné de rinceaux gravés.
Ces cinq plaques proviennent du même objet, probablement d'un coffret.

402. — Plaque, cuivre champlevé émaillé, travail français, Limoges, XIII° siècle.

Dans un entourage à huit lobes, ajourés ornés d'animaux, en relief, une plaque légèrement surélevée présente une statuette de Saint, cuivré ciselé doré, appliqué sur fond émaillé bleu lapis, orné de rinceaux cuivre gravé.

D. 0ᵐ11.

403. — Plaque, cuivre champlevé émaillé, travail français, Limoges, XIII° siècle.

Pendant de la précédente.

404. — Plaque, cuivre champlevé émaillé, travail français, Limoges, XIII° siècle.

Cette plaque dont le sommet affecte la forme d'un pignon provient d'une châsse. Elle est ornée dans le pourtour de rosettes champlevées et émaillées rouge et blanc, au milieu sous une arcade, Saint Jean gravé se détachant sur fond bleu lapis.

H. 0^{m}14, l. 0^{m}07.

405. — Pyxide, cuivre champlevé et émaillé, travail français, Limoges, XIII° siècle.

De forme cylindrique, cette pyxide est fermée par un couvercle conique monté à charnière surmonté d'une croix, la décoration consiste en fleurons polychrômes se détachant sur fond bleu lapis.

H. 0^{m}20, d. 0^{m}06.

406. — Pyxide, cuivre champlevé et émaillé, travail français, Limoges, XIII° siècle.

De forme cylindrique, cette pyxide est fermée par un couvercle conique monté à charnière et surmonté d'une croix. La décoration consiste en fleurons polychrômes se détachant sur fond bleu lapis.

H. 0^{m}10, d. 0^{m}065.

407. — Pyxide, cuivre champlevé et émaillé, travail français, Limoges, XIII° siècle.

La pyxide est de forme cylindrique, fermée par un couvercle conique monté à charnière, surmonté d'une croix. La décoration consiste en rosettes émaillées vert et rouge, alternées de rinceaux cuivré gravé.

H. 0^{m}10, d. 0^{m}065.

408. — Reliquaire cuivre champlevé et émaillé, travail français du XIII° siècle.

Le pied de ce reliquaire est hexagonal, la face présente le calvaire, Jésus sur la croix, à ses côtés la Vierge et Saint Jean, le revers présente un saint nimbé, portant un livre, les deux côtés présentent chacun une tête de Christ entre deux anges en adoration, le fond émail bleu. La tige portant le reliquaire est quadrangulaire interrompue à sa partie médiane par un nœud à pans coupés, le reliquaire posé horizontalement sur cette tige est de forme cylindrique surmonté d'un grand pinacle gravé ajouré en ogive et flanqué de contreforts.

H. 0^{m}46.

409. — Croix processionnelle cuivre champlevé et émaillé, travail français, XIII° siècle.

La face se compose de trois plaques gravées semées de petits et gros cabochons de verres de couleurs disposés symétriquement, le Christ cuivre champlevé et émaillé, la tête ceinte d'une couronne à trois fleurons, les yeux en émail, le corps gravé portant le *perizonium*, les pieds posés sur le *suppedaneum*, au-dessus le *titulus*, divisé en deux registres le premier I H S, le second X P S champlevé et émaillé. Le revers présente trois plaques émail champlevé, Saint Jean tenant un livre et levant la main droite, et aux deux bras de la croix les symboles de Saint Luc et de Saint Marc, cuivre gravé champlevé et émaillé vert, rouge et bleu.

H. 0m50.

410. — Christ cuivre champlevé et émaillé, travail français du XIIIe siècle.

Les bras étendus horizontalement la tête ceinte d'une couronne à trois fleurons, les yeux en émail, il a la barbe et les cheveux longs, vêtu du perizonium, les pieds posés sur le suppedaneum, émaillé bleu (un des bras a été ressoudé).

H. 0m15.

411. — Statuette de saint, cuivre champlevé et émaillé, travail français, XIIIe siècle.

412. — Statuette d'ange portant un flambeau.
Ces deux pièces proviennent de reliquaires du XIIIe siècle.

413. — Croix pastorale, cuivre champlevé et émaillé, travail français, XIVe siècle.

Les quatre extrémités de cette croix sont ornées d'une plaque cuivre champlevé émaillé; celle du haut présente le père éternel, bénissant, et tenant de la main gauche un livre ouvert, on y lit un A et un Ω, sur l'extrémité des bras de la croix, à gauche la Sainte Vierge les deux mains croisées, à droite Saint Jean, au bas, une tête de mort et les os croisés, ces quatre plaques, cuivre gravé fond émail bleu, la croix en cuivre gravé des rinceaux, le Christ rapporté fixé à trois clous. Le pied de la croix manque.

H. 0m29.

414. — Croix processionnelle, cuivre gravé, travail français, XIVe siècle.

Le Christ est couvert d'une longue draperie nouée au côté retombant en plis jusqu'aux pieds, la tête ceinte d'une couronne à fleurons, la croix gravée sur toute sa longueur de divers ornements présente, aux extrémités, la Vierge, Saint Jean, Saint Pierre et au-dessus un saint roi. Le revers présente le symbole des évangélistes. Cette croix terminée en pointe a été fixée à une époque postérieure sur une douille à nœud gravé du XVe siècle (laisse voir des traces de dorure).

H. 0m57.

415. — Saint Sébastien, travail français XVe siècle.

Sur une base hexagonale de cuivre repoussé unie à moulures, et munie d'une boîte propre à recevoir les reliques, Saint Sébastien debout, nu, percé de flèches, est attaché à un tronc d'arbre ébranché, la statuette est d'argent repoussé, la base et l'arbre en cuivre repoussé.

H. 0m24.

416. — Croix processionnelle, cuivre repoussé doré, travail français, XV° siècle.

Cette croix est formée de plaques présentant sur la face le Christ en croix, au-dessus un pélican, à la droite la Vierge, à gauche Saint Jean, le revers présente le père éternel tenant de la main gauche un livre, de la main droite levée il bénit, aux quatre extrémités les symboles des évangélistes, l'épaisseur est ornée sur tout son parcours de boules de diverses dimensions et sont argentées. La douille est munie d'un nœud à double rang de godrans.

H. 0^{m}63.

417. — Croix processionnelle, travail français XV° siècle.

Les trois extrémités sont terminées en fleur de lys, la croix est formée de plaques minces de cuivre repoussé présentant des rinceaux et les quatre symboles des évangélistes, le Christ est fixé à trois clous, en cuivre fondu et ciselé, porte une longue draperie nouée sur le côté et descendant sur les genoux.

H. 0^{m}57.

418. — Croix processionnelle, cuivre repoussé doré, travail français, XV° siècle.

La face présente à son centre le Père éternel assis, couvert d'une longue tunique tenant de la main gauche un livre appuyé sur les genoux, la main droite levée bénit à l'Occidentale; aux quatre extrémités les symboles des évangélistes : le revers, une plaque centrale en croix gravée et entourée de rayons flamboyants destinée à recevoir un Christ (manquant), les quatre extrémités présentent en hauts-reliefs au-dessus un ange tenant un livre, au bas Sainte Marie-Madeleine avec une boite à parfums, aux bras de la croix, la Vierge à gauche, Saint Jean à droite.

H. 0^{m}36.

419. — Croix, bronze repoussé ciselé, fin XV° siècle.

Il ne reste de cette croix qu'une face incomplète, au-dessus et au bas les symboles de Saint Jean et de Saint Mathieu, évangélistes, à droite la Vierge, à gauche Saint Jean et au bas une sainte femme tenant une boite à parfums.

420. — Croix reliquaire argent doré montée sur pied cristal de roche, travail italien XVI° siècle.

Sur la croix s'ouvrant en dévissant le bouton du haut et en retirant une goupille de côté, est fixé le Christ, aux extrémités des bras de la croix des têtes d'anges, le pied triangulaire en cristal de roche est orné de chimères et de divers ornements d'argent doré finement ciselés.

H. 0^{m}25.

421. — Triptyque bois de cèdre, travail gréco-russe XVI° siècle.

La partie centrale est divisée en trois registres, le premier présente le séjour des bienheureux, le second en trois compartiments, la Vierge et l'enfant Jésus, la résurrection et la Cène, le troisième registre présente une gloire de Saints, la crucifixion, le martyre de Saint

Jean-Baptiste ; le volet de droite en deux registres de trois compartiments chacun, Jésus et les disciples d'Emmaüs, la mort de la Sainte Vierge, l'exaltation de la sainte croix ; le troisième registre, la naissance de la Vierge, l'annonciation, la visitation, la fuite en Égypte, le jugement dernier, ces plaques sculptées sont montées en argent orné de gravures.

H. 0^m09, l. 0^m25 ouvert.

422. — Christ, travail français, XVIIe siècle.

La croix et son support en cristal de roche taillé à facettes, les trois extrémités de la croix terminées par des émaux à paillons, le Christ en argent ciselé, au bas une tête de mort et les os émaillés, derrière, le Christ à la colonne argent émaillé, la croix ornée d'émaux imitations pierres fines.

H. 0^m12.

423. — Calice argent et cuivre repoussé, travail français, XVIe siècle.

Le pied à six lobes semi-circulaires ornés alternativement de trois médaillons d'argent gravé et émaillé, présentant la vierge et l'enfant Jésus, saint Sébastien et un saint ermite, la tige hexagonale interrompue par un nœud à faces aplaties gravées, la coupe en argent.

424. — Deux dessus d'encensoir, travail français, XVIe siècle.

Ces deux dessus d'encensoirs sont de cuivre à dessins ajourés, l'un présente des portiques terminés en haut par une fleur de lys.

425. — Reliquaire cuivre repoussé, travail français, XVIe siècle.

Le pied à six lobes semi-circulaires présente les attributs de la passion, la coupe inférieure ornée de têtes d'anges et de chutes de raisins, le couvercle également orné de têtes d'anges se terminait par une croix (elle manque).

426. — Saint Mathieu ? bas-relief bronze repoussé, travail italien, fin du XVIe siècle.

A mi-corps, la tête nimbée, il tient un livre et une houlette, deux colombes sont posées sur le livre, ce bas-relief est en bronze repoussé argenté avec quelques parties dorées.

H. 0^m65.

427. — Monstrance cuivre repoussé, travail français, XVIe siècle.

Sur un pied à six lobes semi-circulaires, trois sont ornés d'émaux peints en couleur et rehaussés, d'or présentent, la Sainte Vierge, Ecce homo, et Sainte Marguerite ; la tige hexagonale porte une coupe hémisphérique à gaudrons d'où partent quatre clochetons et contreforts ; le dessus hémisphérique est terminé par un petit piédestal supportant une croix.

428. — Médaillon reliquaire nacre sculpté monté en cuivre, travail italien du XVIe siècle.

Ce médaillon présente, en bas-relief, la sainte vierge assise tenant l'enfant Jésus debout dans une gloire de saintes martyres, on distingue sainte Barbe, sainte Catherine et sainte Madeleine.
Au revers sous un verre un morceau d'étoffe, soie brochée couleurs, sous lequel probablement sont des reliques.

429. — Plaque ajourée, gravée, travail français, XVIe siècle.

Cette belle plaque présente au centre un calice dont la coupe est entourée d'une gloire d'anges, porte l'hostie rayonnée ; au-dessus le Saint Esprit, le pied du calice repose sur un linteau aux extrémités duquel sont des anges en adoration et de chaque côté s'élève une tige en rinceaux de fleurs de lys, autour est écrit : Jésus-Christ réellement présent au Très Saint Sacrement de l'autel soit adoré à jamais, sur l'autre face cette inscription est en latin.

430. — Petit reliquaire argent XVIe siècle.

Sur la face l'agneau pascal. Le fond manque.

431. — Reliquaire argent travail italien XVIIe siècle.

De la forme de la sainte tunique de N.-S. présente d'un côté Jésus enfant dans les nues entouré d'une gloire d'anges, l'autre côté une pieta, finement gravée, l'intérieur conserve sous une feuille de talc douze reliques avec les indications de chacune.

432. — Couronnes et nimbes de saints, argent, travail italien, XVIIe siècle.

433. — Deux couronnes appliques d'argent estampé, quatre nimbes appliques, pour statues et statuettes de sainteté.

434. — Trois plaques, bronze argenté, travail français, XVIIe siècle.

Présentant à mi-corps, avec leurs attributs, saint Marc, saint Jean, saint Mathieu, ces bas-reliefs proviennent d'un grand reliquaire.

435. — Baiser de paix, travail italien, XVIe siècle.

Ce baiser de paix de forme arrondie par le haut est de nacre sculpté, la monture en étain.

ÉMAUX PEINTS DE LIMOGES

436. — L'annonciation, Nardon Pénicaud.

Plaque montée en baiser de paix. A gauche, sous un dôme de draperies, la Vierge est à genoux devant un prie-Dieu et un livre ouvert; à droite, l'ange vêtu d'une dalmatique ornée de broderies et pierreries. Email en couleurs à paillons et rehauts d'or, chairs grisailles légèrement teintées. (Petite ébrèche dans le haut cintré.)

H. 0^{m}07, l. 0^{m}05.

437. — Piéta, atelier de Nardon Pénicaud.

La Vierge assise tient le corps du Christ, à demi étendu sur ses genoux, plaque cintrée en haut, peinte en émaux de couleurs, chairs grisailles.

H. 0^{m}09, l. 0^{m}08.

438. — Le Christ, Léonard Limosin? XVIe siècle.

Plaque, le Christ est présenté en buste sous une arcade d'architecture renaissance, ornée d'une guirlande de feuilles, il est de profil regardant à gauche, les cheveux retombants en boucles sur les épaules, portant toute la barbe, une tunique violette garnie d'un galon blanc, et un manteau bleu clair, d'un côté on lit en lettres d'or sur fond noir, Jésus-Christ, de l'autre côté Salvator M., la plaque rectangulaire est bordée d'un filet noir et or, un peu ébréchée aux deux angles inférieurs.

H. 0^{m}14, l. 0^{m}11.

439. — Judas Macchabée, Colin; Limoges, XVIe siècle.

Plaque circulaire légèrement convexe, Judas Macchabée est représenté à cheval de profil, à droite, en costume oriental, un turban sur la tête, une longue robe serrée à la taille, un cimeterre pend à son côté, bottes à éperon d'or, le cheval est blanc couvert d'un caparaçon brodé or, portant sur le côté trois merlettes noires posées en écusson et une merlette sur le poitrail, par côté on lit : Judas Machabeus en lettre d'or, en haut la lettre F. indiquant une suite, et à la suite de l'inscription un C., monogramme de Colin (revers incolore).

D. 0^{m}22.

440. — Le roi Artus, Colin; Limoges, XVIe siècle.

Plaque circulaire convexe, le roi Artus est à cheval, vu de profil à gauche, coiffure ornée d'une longue plume, une armure sur la poitrine, un bouclier au bras gauche, tenant une épée au fourreau. Le cheval, richement harnaché, porte au poitrail sur le caparaçon un médaillon présentant la Vierge et l'enfant Jésus dans un nimbe de rayons dorés se détachant sur un fond bleu. Autour au-dessus on lit Artus rex (en capitales romaines), à côté le monogramme de l'artiste, revers incolore.

Pendant du précédent.

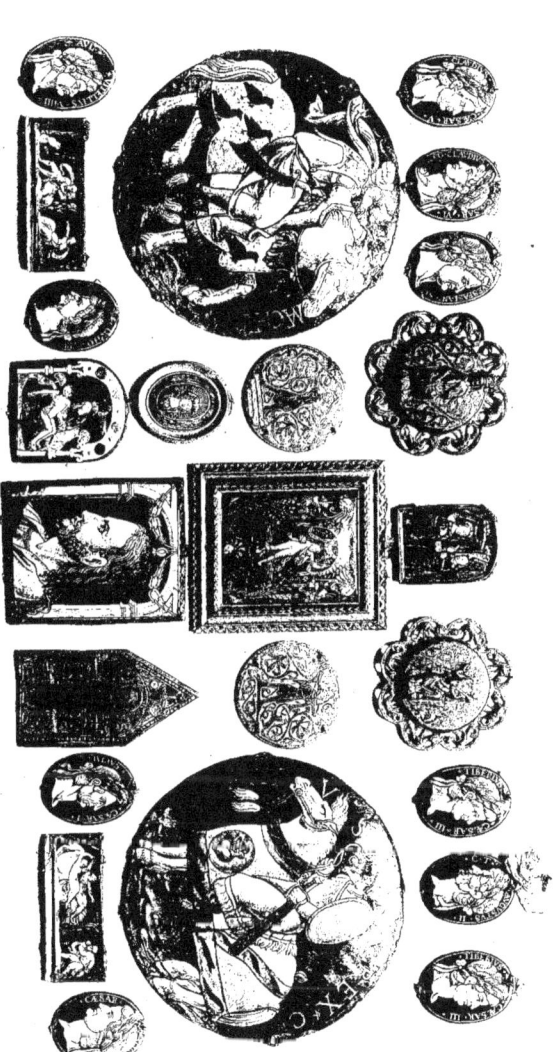

ÉMAUX PEINTS (Nos 436 A 456)

441. — **Jupiter**, Jean de Court, Limoges, XVIᵉ siècle.

Plaque rectangulaire légèrement bombée. Au milieu d'une riche ornementation sous une arcade dentelée est attachée une draperie; au-dessous Jupiter nu debout couronné, tenant un sceptre de la main gauche, une ample draperie partant de son épaule droite tombe derrière jusqu'à ses pieds, où son aigle les ailes éployées tient la foudre dans ses serres; au-dessous, des ornements en volutes avec une tête d'ange. De chaque côté part en corne d'abondance un rinceau. Au-dessus de chaque côté, un docteur lisant et portant de longues oreilles tracées en or sous deux mufflons de lions. Entre l'arcade et la draperie le monogramme I. C. Email en couleurs avec quelques paillons et dessins or sur fond noir. Contre émail incolore (très curieuse plaque).

H. 0ᵐ11, l. 0ᵐ09.

442. — **La Sainte Vierge**, Jean Limosin? XVIᵉ siècle.

Petit médaillon présentant en buste la Sainte Vierge avec un voile bleu rehaussé d'or, une guimpe blanche, une robe verte à paillons, encadré d'un large filet blanc et or.

Plaque ovale, h. 0ᵐ055, l. 0ᵐ045.

443. — **Loth et ses filles**, Jean Pénicaud (attribué à).

Plaque rectangulaire grisaille teintée chair, se détachant sur fond noir rehaussé d'or, revers émail incolore.

444. — **Loth et ses filles**, Jean Pénicaud (attribué à).

Pendant de la précédente, ces deux plaques proviennent d'un coffret.

H. 0ᵐ45, l. 0ᵐ11.

445. — **Assiette.** Pierre Courteys ? émail.

Au milieu, le buste de l'empereur Claude peint en grisaille teintée chair, autour l'inscription en lettres dorées sur fond émail bleu. Le marli orné de rinceaux dorés et de quatre médaillons ovales, camaïeux rouges.

Le revers est orné au centre d'une rosace grisaille et de rinceaux dorés, au bord quatre petites rosaces et des enroulements dorés. Cette assiette a subi au marli quelques restaurations.

Diam. 0ᵐ27.

446. — **Coupe de mariage.** Jean Laudin, XVIIᵉ siècle.

Cette coupe est à six lobes décorés fleurs et oiseaux de couleurs sur fond blanc, au centre, peint en grisaille sur fond noir, un autel de l'hyménée devant lequel deux fiancés échangent leurs serments : autour est écrit sola mor (un seul amour) en lettres dorées, au bas signé IL., revers décor oiseaux et fleurs sur fond vert clair, au centre une maison et des arbres peints en grisaille, rehauts d'or sur fond noir.

Diam. 0ᵐ16.

447. — **Coupe de mariage.** Atelier des Laudin, XVIIe siècle.

Coupes à deux anses, festonnées en six lobes décorés de fleurs couleurs sur fond blanc, au centre saint Jérôme devant un crucifix peint en grisaille rehaussée d'or sur fond noir. Revers fleurs à paillons verts et violets, rehauts d'or sur fond noir, au centre une maison et des arbres émaux de couleurs.

Diam. 0m15.

448. — **Les douze Césars.** Atelier des Laudin, XVIIe siècle.

Médaillon présentant les têtes lamées des douze Césars peints en grisaille sur fond noir, il manque le 10e remplacé ainsi que le 12e par un double J. César n° 1, d'une autre série et signé I L. (Jean Laudin) et un double Tibère de même facture, les couronnes sont émaillées vert rehaussé d'or.

Ovales, h. 0m17, l. 0m055.

449. — **La vierge et l'enfant Jésus.** Email de Limoges, XVIIe siècle.

Vue à mi-jambes assise, le bras droit appuyé sur une table couverte d'un tapis, la tête nimbée de rayons dorés, avec un long voile laissant voir les cheveux, vêtue d'une robe montante et d'un manteau, elle tient sur ses genoux l'enfant Jésus qu'une draperie blanche ne couvre qu'en partie, il présente de la main droite une rose à sa mère, de la gauche il s'appuie sur le bras, plaque carrée, les angles ornés d'arabesques en relief rehaussés d'or, signé au bas et au milieu du monogramme NL.
Contre émail bleu avec l'inscription en lettres dorées, NLaudin émailleur près les Jésuites à Limoges. Pendant du précédent.

H. 0m16, l. 0m13.

450. — **Saint Joseph,** émail limousin, XVIIe siècle.

Vu à mi-jambes, droit, la tête nue nimbée de rayons dorés, cheveux blancs retombant sur les épaules, il regarde le ciel, vêtu d'une tunique brune serrée à la taille, enveloppé d'un ample manteau à rehauts d'or, la main droite sur la poitrine, de la main gauche il tient une tige de lys fleuris, médaillon ramené au carré par des ornements en relief blancs, rehaussés d'or sur fond noir. Signé à gauche du monogramme NL, contre émail bleu gris portant écrit au pinceau en lettres d'or. NLaudin, émailleur près les Jésuites, à Limoges.

451. — **Sainte Thérèse.** Pierre Nouailher, XVIIe siècle.

Plaque, vue à mi-corps, en attitude de la prière, dans les nues un ange lance un trait embrasé, émail en couleur, les quatre angles en rinceaux d'émail blanc saillants, pointillés de noir. Cadre ancien, bois sculpté doré.

H. 0m09, l. 0m075.

452. — **Saint Joseph.** Nouailher, Limoges, XVIIe siècle.

Plaque, Saint Joseph vêtu d'une robe bleue couvert d'un manteau jaune. Signé à droite P.-N.

H. 0m11, l. 0m09.

453. — Portrait de Sainte Jeanne de Chantal, atelier des Nouailher, Limoges, XVIIᵉ siècle.

Vue à mi-corps en costume religieux de l'ordre de la visitation dont elle est la fondatrice. La tête est entourée d'un nimbe à rayons dorés, se détachant sur un fond bleu clair bordé d'un filet blanc, au bas est écrit. Sainte Jeanne de Chantal F. de la visitation. Revers émail violet semi-translucide.

Ovale, h. 0ᵐ085, l. 0ᵐ068.

454. — Saint François de Paule. Pierre Nouailher.

A genoux les mains jointes il prie, près de lui à terre un livre, au fond un paysage, plaque rectangulaire émail en couleurs, revers émail violet semi-translucide.

H. 0ᵐ125, l. 0ᵐ10.

455. — Deux plaques émail peint, travail italien?

La première de ces deux plaques présente l'Espérance qui nourrit l'Amour, au-dessus est écrit : *La speranza nutrisce.*

456. — La seconde présente la Fortune posant un bandeau sur les yeux d'un Amour, au-dessus on lit : *Fortuna l'accieca.*

Ovales, revers incolores, h. 0ᵐ11, l. 0ᵐ17.

PEINTURES SUR ÉMAIL ET OBJETS EN ÉMAIL

457. — Médaillon, école de Genève, XVIIIᵉ siècle.

Petite fille tenant un lapin, peinture sur émail, cadre bronze doré.

Diam. 0ᵐ045.

458. — Portrait de femme, école française, XVIIᵉ siècle.

Petit médaillon peint en émaux de couleurs, entouré d'un filet vert à paillons rehaussé d'or.

459. — Autre petit médaillon, présentant un vase peint en grisaille sur fond rose, XVIIIᵉ siècle.

460. — Bacchus et Ariane, école française XVIIIᵉ siècle.

Bacchus à demi-nu, la tête couronnée de pampres rencontre Ariane.

Peinture sur émail, diam. 0ᵐ05.

461. — Portrait de Schiller, école de Genève, XVIIIᵉ siècle.
<small>Miniature peinte sur émail.</small>
<small>Ovale, h. 0ᵐ048, l. 0ᵐ04.</small>

462. — Portrait d'homme, école française XVIIIᵉ siècle.
<small>En costume brun, cravate blanche, cheveux poudrés, miniature ovale peinte sur émail, renfermée dans un écrin.</small>
<small>H. 0ᵐ04, l. 0ᵐ03.</small>

463. — Etui à deux flacons, travail allemand, XVIIIᵉ siècle.
<small>Email fond rose pointillé blanc, orné de deux médaillons, têtes d'homme et de femme sous des bouquets de fleurs.</small>

464. — Flacon, travail d'extrême Orient, XVIIIᵉ siècle.
<small>De forme allongée à décor fleurs et oiseaux se détachant sur fond jaune.</small>

465. — Pot au lait, travail allemand, XVIIIᵉ siècle.
<small>Décor, bouquets de fleurs sur fond blanc.</small>
<small>H. 0ᵐ07.</small>

466. — Deux salières, travail allemand, XVIIIᵉ siècle.
<small>Email sur cuivre, fond rose à réserves de médaillons, décor fleurs sur fond blanc.</small>

467. — Deux salières, travail allemand, XVIIIᵉ siècle.
<small>Email sur cuivre ajouré en forme de cœur, émaillé vert, rehauts d'or.</small>

468. — Paire de flambeaux, émail, travail allemand, XVIIIᵉ siècle.
<small>Le pied contourné, la tige droite à décor, bouquets de fleurs sur émail blanc.</small>

469. — Etiquettes, émail, travail français, XVIIIᵉ siècle.
<small>Ces cinq étiquettes portent différents noms de vins, Vougeot, etc., émail blanc sur cuivre.</small>

470. — Etui, cuivre ciselé doré et émaillé, travail français, XVIIIᵉ siècle.
<small>Cet étui est orné d'émaux bleus, entourés de petits dessins cuivre ciselés et dorés.</small>

VERRES PEINTS

471. — Ecole italienne, XV° siècle.

Saint Christophe portant sur ses épaules l'enfant Jésus, il traverse une rivière en s'appuyant sur un long bâton.
Un saint évêque en habits épiscopaux, mitre dorée, couvert de la chape et tenant une crosse ; ces deux curieuses peintures églomisées sous verre sont renfermées dans un même cadre et superposées, le panneau sur lequel ces verres sont fixés porte à son revers une armoirie. H. de chaque peinture, 0^{m}20, l. 0^{m}14.

472. — Saint François d'Assisse, verre peint, travail français, XVI° siècle.

Agenouillé en prière il porte les stigmates, dans le ciel une apparition du Christ en croix. Peinture grisaille, médaillon rond.

473. — Saint Jean évangéliste, verre peint, travail français du XVI° siècle.

Ecrivant ses évangiles, on voit au fond les monuments d'une ville. Grisaille, médaillon rond.

474. — Descente de croix médaillon verre peint, travail français, XV° siècle.

Ce vitrail rond est peint en grisaille rehaussée de jaune.

475. — Médaillon rond grisaille, travail français, XVI° siècle.

Comptoir de marchands, vitrail de corporation.

476. — Saint Jérôme, verre peint, travail français, XVII° siècle.

Au milieu d'un paysage, devant un grand arbre le saint est agenouillé en prière, peinture polychrome, médaillon ovale brisé en deux parties.

477. — Armoirie, verre peint, travail français, XVII° siècle.

Cette armoirie compliquée de diverses pièces est entourée d'une inscription, peinture polychrome forme rectangulaire.

478. — Armoirie, verre peint, XVI° siècle.

Cet écusson présente trois brebis, deux en haut sont affrontées, et une en pointe (il manque un morceau).

479. — Un lot de débris de verres peints des XV° XVI° et XVII° siècles.

BRONZES ANTIQUES

480. — Bacchus, statuette bronze, gallo-romain.

Sous une arcade ajourée de pampres, Bacchus debout entièrement nu, le bras droit relevé et posé sur la tête inclinée, le bras gauche abaissé, la main tenant des pampres ; le socle carré portant une moulure, la statuette et l'arcade de pampres ont été fondus d'un seul jet. On portait cette statue à l'extrémité d'un bâton dans les cérémonies en l'honneur de Bacchus. La cavité au dos de la statue était destinée à recevoir des pampres de vigne qui retombaient autour de la divinité.

Hauteur de la statuette, 0^m36, socle 0^m07, h. totale 0^m43.

481. — Bras, fragment de statue, bronze antique.

Ce bras, trouvé dans la Saône, près de Pontailler, provient d'une statue de jeune femme.

L. 0^m30.

482. — Lutteur, bronze antique trouvé à Mirebeau (Côte-d'Or).

Il est entièrement nu et dans l'attitude de lancer un instrument ; cet objet est brisé à la naissance de la main, ne se peut déterminer, les cheveux sont serrés à la tête par une corde, les yeux sont en argent.

H. 0^m18.

483. — Statuette, bronze gallo-romain.

Cette statuette portait de la main droite un objet manquant, de la main gauche elle tient une patère et porte sur le bras la dépouille d'un animal (les pieds manquent).

H. 0^m155.

484. — Statuette d'enfant, Harpocrate? bronze antique.

Il porte le doigt sur les lèvres ; derrière la tête est un anneau pour suspendre cette statuette.

H. 0^m06.

485. — Mercure, bronze antique, trouvé en Bolard, près de Nuits (Côte-d'Or).

Cette statuette est entièrement nue, des ailes sont attachées à la tête, elle tient une bourse de la main droite.

H. 0^m06.

486. — Vestale, bronze antique.

Elle est debout portant un long voile, vêtue du peplum et tient une patère de la main droite.

H. 0^m13.

487. — Statuette, bronze antique.

Vieillard portant un vêtement serré au corps, et six autres petites statuettes diverses trouvées dans la Côte-d'Or.

488. — Statuette, bronze antique gallo-romain.

Cette statuette a les bras mutilés.   H. 0^m095.

489. — Minerve, statuette bronze gallo-romain.

Elle est debout et porte le casque grec.   H. 0^m095.

490. — Bœuf, bronze antique?

Il est appuyé sur trois pieds. Patine verte.   H. 0^m10.

491. — Aigle? bronze moyen âge.

Couvert de gravures indiquant les plumes et les écailles des jambes. Sur le devant un plastron en forme d'écusson.   H. 0^m09.

492. — Bélier, bronze antique.

Ce bélier est orné de gravures, travail barbare.   H. 0^m11.

493. — Neufs petits animaux, bronze gallo-romain.

Composés de deux bœufs, un dauphin, un coq, une souris, un lapin, un mouton, etc.

494. — Tête du Dieu Mars, bronze antique. — Le rémouleur grec, petite statuette, XVIe siècle. — Une main, bronze gallo-romain.

BRONZES

495. — Petit chandelier, travail français, XIIIe siècle.

Monté sur un pied circulaire, une tige ronde porte la bobèche ajourée, cuivre patine verte. Trouvé à Dijon.

496. — Chandelier bronze, travail français, XVe siècle.

Ce petit chandelier est porté sur un animal ailé fantastique.

497. — Fou, statuette, travail français, XIVe siècle.

Il est coiffé d'un long bonnet, il porte une pèlerine à grelots et un justaucorps serré à la taille par une ceinture, a été trouvée en 1828 à Dijon.

498. — Empereur romain, statuette bronze, travail italien, XIVe siècle?

L'Empereur Commode? jeune entièrement nu, debout, la tête laurée, de la main droite il montre le ciel, et un objet brisé de la main gauche, ce bras a été ressoudé. Cette statuette est fixée sur son socle de bronze uni à moulure.

Haut. sur le socle 0m25, h. du socle 0m07.

499. — Empereur romain, bronze italien, XVIe siècle.

Cette statuette présente un empereur romain couvert de la cuirasse antique, le bras gauche élevé dans l'attitude de tenir une haste ou un sceptre, la main droite posée sur la hanche, cette statuette est attenante sur son socle à moulure unie.

H. 0m25, socle 0m07.

500. — Empereur romain, bronze italien, XVIe siècle.

Cette statuette présente l'empereur Adrien? debout la tête laurée vêtu de la cuirasse antique et du paludamentum couvrant une partie de la poitrine et retombant derrière jusqu'aux pieds, le bras gauche élevé, fixée sur socle bronze uni à moulure.

H. 0m26, socle 0m07.

501. — Fusius Germinus, statuette bronze, italien, XVIe siècle.

Il porte la cuirasse antique, et un manteau qu'il retient de la main gauche, et se perce le sein de son épée avec la main droite.

H. 0m27.

502. — Vénus, statuette, bronze italien, XVIe siècle.

Debout entièrement nue, de la main droite appuyée sur la hanche, elle tient une pomme, la main gauche posée sur la poitrine.

H. 0m28, socle marbre.

503. — Groupe de lutteurs. Travail italien, XVe siècle.

Entièrement nus, l'un tient une massue prêt à frapper son adversaire terrassé, qu'il tient d'une main et le pied posé sur la poitrine, ces deux statuettes ont été fondues isolément et se détachent l'une de l'autre.

Hauteur du groupe 0m26.

504. — Une pince. Travail français, XIVe siècle.

Cette pince, ou casse-noisettes? est en bronze fondu ciselé orné de figures et d'animaux.

505. — Petite statuette argent, travail français, XIV⁰ siècle.

Cette petite statuette de guerrier tient un bouclier portant la cuirasse antique, sur une pyramide en spath fluor.

506. — Petite décoration de la confrérie de la mère folle de Dijon.

507. — Plaque de fer à gaufres aux armes des de Massol, famille Bourguignonne.

508. — Pommeau de canne de la mère folle. Travail français, XVII⁰ siècle.

Présente à mi-corps un costume de fou, la tête couverte de la capuce à grelots.

509. — Diane, Apollon et deux divinités, bas-reliefs bronze ornements de pendule, travail français, XVII⁰ siècle.

510. — Deux cariatides de faune, bronze, travail français, XVII⁰ siècle.

Ces deux cariatides de faunes tenant une corbeille de fleurs proviennent probablement d'une pendule, elles sont en cuivre fondu ciselé et doré.

511. — Vase en bronze, travail français.

Ce vase est en forme de cygne sur le dos duquel est posé un appendice hexagonal divisé en trois zones ornementées de méandres, de perles et d'entrelacs portant le couvercle, l'anse bordée de perles se termine en deux mufles de lions.
H. 0ᵐ28.

512. — Jupiter, bronze, travail italien, XVII⁰ siècle.

Il est assis tenant de la main droite les foudres, la jambe gauche manque.

513. — Singe, statuette bronze, travail italien, XVII⁰ siècle.

Il est assis sur un socle triangulaire orné de moulures.
H. 0ᵐ17.

514. — Porte-montre bronze, travail français, XVIII⁰ siècle.

Un enfant presque entièrement nu tenant une coquille servant de support au cadran, a ses pieds un dauphin sur une terrasse rocaille, à droite un lézard, à gauche un lapin, deux tiges de roseaux d'un côté et un arbre de l'autre, bronze teinté et doré.
H. 0ᵐ27.

515. — Amour, statuette bronze, travail français, XVIII⁰ siècle.

Cupidon les ailes déployées, un pied posé sur une boule, tenait de ses mains un objet disparu, probablement un flambeau.

516. — Henri IV et Sully, bas-reliefs bronze, travail français, XVIIIe siècle.
>Henri IV, en buste, porte la cuirasse, il est tête nue, Sully fait pendant, en buste, bas-reliefs, patine noire.

517. — Statuette de femme bronze, travail français, XIXe siècle.
>Cette statuette, en costume de l'époque de la renaissance, tient sur sa main élevée un faucon.

518. — Démosthène et Cicéron, bustes bronzes, travail français, XIXe siècle (commencement du).
>En bustes patine vert antique posés sur socle marbre jaune antique.

519. — Une statuette Napoléon Ier, bronze.
>Debout posé sur un socle carré.
>
>H. 0m13.

520. — Une statuette de général français, bronze.
>Il est debout appuyé sur son sabre.
>
>H. 0m13.

521. — Une paire de vases, forme Médicis en bronze, travail français, XIXe siècle.
>Ces deux vases sont unis, de patine vert antique, montés sur socles en marbre jaune.

522. — Un petit brasero cuivre, travail français, XVe siècle.

523. — Plat rond, cuivre étamé, travail italien du XVe siècle.
>Au milieu l'annonciation de la Sainte Vierge, le bord orné d'une suite d'arcades terminée par une rosace.

524. — Plat rond, cuivre repoussé, travail allemand, XVIe siècle.
>Au centre Saint Georges à cheval, prêt à frapper de son épée le dragon, à gauche, une reine agenouillée, sur le bord, une suite de feuilles, sur le marli, une inscription en caractères du XVe siècle.

525. — Plat, cuivre repoussé, travail allemand, XVIe siècle.
>Au centre, Adam et Eve. Dans une double orbe, des inscriptions en caractères gothiques et l'autre en capitales romaines, le bord est orné d'une suite de tierce-feuilles.

526. — Une paire flambeaux cassolettes, marbre blanc, monté bronze doré, travail français, XVIIIe siècle.
>Ces flambeaux de forme ovoïde montés en trépieds de bronze doré, terminés d'un côté par une tête d'aigle. Le dessus forme à volonté, soit vase ou en le retournant un flambeau.

527. — Paire de flambeaux, travail français, XVIIIᵉ siècle.

Formé chacun d'une sirène assise, portant sur la tête une bobèche, socle marbre monté bronze doré, époque Louis XVI.

528. — Deux grandes glacières, cuivre fondu ciselé et argenté, travail français, XVIIIᵉ siècle.

La panse couverte de légères cannelures descendant en torsades, munie de deux anses.

OBJETS EN ÉTAIN

529. — Petit plat en étain, travail allemand, XVIIᵉ siècle.

Présente au centre Ferdinand III, empereur d'Allemagne, autour on lit Ferdinand III, D. G. rom. im. sa., à côté l'aigle à deux têtes, sur un petit cartouche, le monogramme W. S., autour sur le marli, six médaillons de rois et empereurs à cheval séparés par des chutes de fruits différentes les unes des autres. D. 0ᵐ20.

530. — Petit plat étain, travail allemand, XVIᵉ siècle.

Présente au centre la résurrection, sur le bord, les douze apôtres. D. 0ᵐ20.

531. — Autre petit plat étain, travail allemand, XVIᵉ siècle.

Présente au centre Ferdinand III, empereur d'Allemagne; autour sur le marli, six médaillons de rois séparés par un mascaron et divers ornements. D. 0ᵐ20.

532. — Aiguière, travail français, XVIIIᵉ siècle.

Elle est en forme de casque, la panse gravée, l'anse de forme contournée.

OBJETS EN ARGENT

533. — La cathédrale de Strasbourg, travail allemand du XVIIIᵉ siècle.

Ce monument est travaillé en filigrane d'argent.

534. — Bas-relief argent, travail oriental.

Plaque terminée en forme de toit, présentant un cavalier indien?

535. — Paire de flambeaux argent, travail allemand.

Le pied de forme contournée est orné de rocailles ajourées, d'où sort un arbre après lequel grimpent deux enfants.

H. 0^{m}18.

OBJETS VARIÉS, AGATE SPATH FLUOR ET CRISTAL DE ROCHE

536. — Vase spath fluor monté bronze doré.

Ce vase, de forme ovoïde allongée, est monté en aiguière.

537. — Vase spath fluor, monté bronze doré, travail français, XVIIe siècle.

De forme ovoïde allongée, le pied bronze à feuilles ciselées, le haut terminé en pomme de pin.

538. — Petite coupe spath fluor, montée bronze doré, travail français, XVIIIe siècle.

De forme hémisphérique, creusée dans la pierre, la monture formée d'un cercle faisant support d'où sortent des tiges et des feuilles de lierre.

539. — Petit seau, spath fluor, travail français, XVIIIe siècle.

Ce petit vase de forme circulaire est de spath fluor jaune rubanné violet, creusé très mince, monture avec anse en argent.

540. — Deux vases spath fluor, œuvre de tour.

L'un est brisé et recollé.

541. — Une salière agate, travail français, XVIIIe siècle.

Cette salière d'agate creusée, et montée en argent, présente d'un côté dans les veines de la pierre, une forme d'oiseau.

542. — Presse papier agate rouge, sur le haut un quatre feuilles bronze ciselé doré.

543. — Chandelier agate, pied octogone, tige en forme de balustre à pans, bobèche creusée à huit pans, monté argent, travail italien.

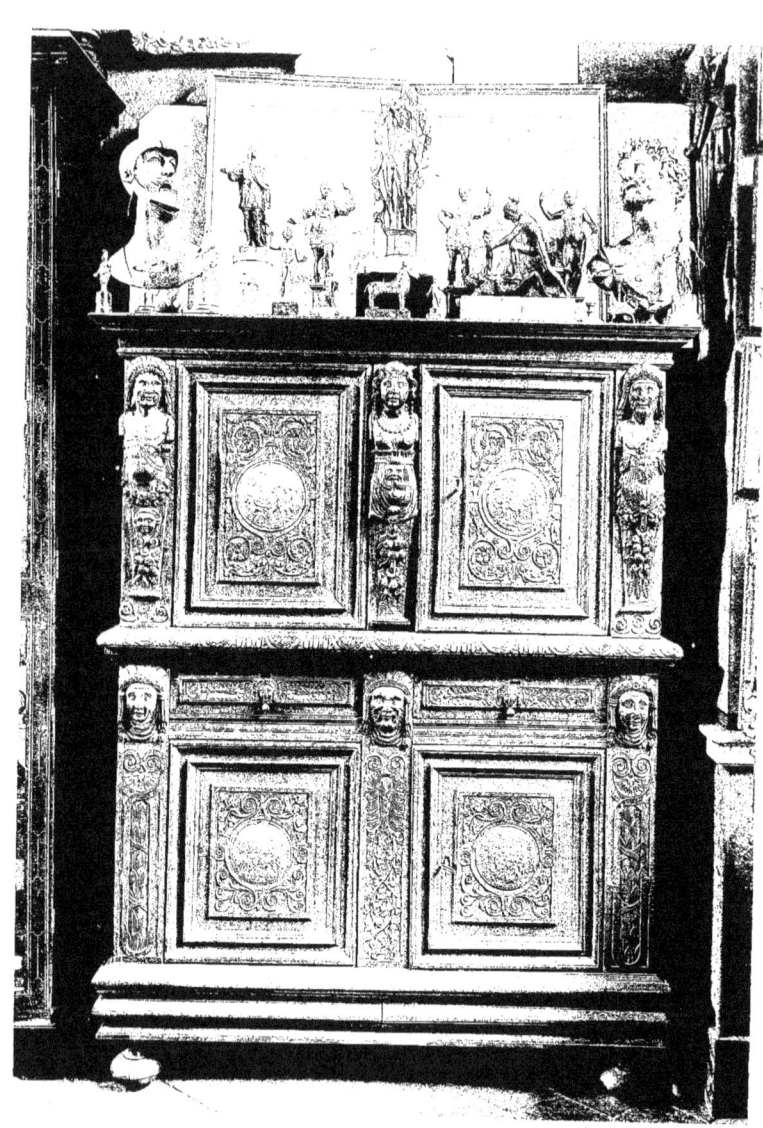

N° 549. — MEUBLE BOURGUIGNON. *XVIe siècle.*

544. — Coupe agate rubannée, travail français, XVIII⁰ siècle.
De forme ovale, creusée dans la pièce.

545. — Boule à rafraîchir les mains, cristal de roche, XV⁰ siècle.

546. — Petite main en cristal de roche taillé, XV⁰ siècle.

547. — Boule de verre, montée sur piédouche, bronze ciselé, travail français, XVIII⁰ siècle.

548. — Deux plaques de cristal de roche.
L'une de ces plaques était un œil de l'aigle du lutrin des chartreux de Dijon.

MEUBLES

549. — Armoire à deux corps, noyer sculpté, travail français, XVI⁰ siècle.
La partie inférieure est ornée de trois pilastres terminés en haut par trois mascarons à draperies séparant deux tiroirs à mascarons et ornements de feuilles ; de deux vantaux présentant chacun un cartouche à enroulements de tiges de feuilles et de grappes, au centre un médaillon en étain doré à sujets mythologiques, au-dessous une moulure sous laquelle sont deux tiroirs ornés de demi-feuilles.
La partie supérieure présente trois cariatides supportant un entablement et la corniche, la cariatide de droite, un homme barbu, la poitrine nue, une ceinture à mufle de lion, serrant le vêtement et d'où part une guirlande et une chute de fruits et d'épis, terminée en gaine, la cariatide de gauche, un homme la poitrine découverte, portant un baudrier ; une guirlande de fruits et de feuilles descend jusque sur la gaine sur un masque de femme avec chute de fruits et de feuilles. La cariatide du milieu, une femme aux cheveux retombant sur les épaules, portant un collier de perles, une jupe serrée à la taille par une ceinture à mascaron au bas duquel pend une chute de fruits et se termine en gaine. Les deux vantaux présentent un cartouche à enroulements de feuilles d'acanthe, de branches de laurier et de feuilles de vigne, au centre un médaillon en étain doré présentant Vénus commandant à Vulcain les armes d'Achille, le médaillon du ventail gauche, le jugement de Pâris. Le cadre des portes est formé de moulures ainsi que la frise et la corniche.
H. 1ᵐ80, l. 1ᵐ37.

550. — Table noyer sculpté, travail français XVI⁰ siècle.
Cette table est portée sur deux éventails formés chacun d'un balustre central orné à sa base de moulures et de feuilles d'où sortent des cannelures, au-dessus un chapiteau sou-

tenant une console à feuille renversée. De chaque côté du balustre une grande volute terminée en bas par une griffe de lion, le haut par un grand enroulement de feuilles d'acanthe finissant en grappe de grains.

La ceinture unie à moulures, munie des deux tirettes rallonges. Les patins et l'entrejambe manquent.

H. 0ᵐ80, long. 1ᵐ60, larg. 0ᵐ75.

551. — **Bahut noyer sculpté, travail français XVIᵉ siècle.**

Ce meuble s'ouvre à trois vantaux, celui du milieu présente à son centre un mascaron très saillant entouré d'ornements en rinceaux, les deux autres vantaux présentent chacun au centre une tête d'ange ailée entourée d'ornements, les quatre montants une feuille longue, ainsi que la ceinture supérieure.

Ce meuble a subi des restaurations.

552. — **Grand cabinet ébène, travail italien, XVIIᵉ siècle.**

Les deux vantaux sont extérieurement décorés de simples moulures figurant divers compartiments.

A l'intérieur les deux portes ainsi que huit tiroirs et une petite porte centrale présentent en peintures, dans le goût de Breughel de Velours, diverses scènes de la vie de l'enfant prodigue.

La frise, l'entablement et le pourtour de la porte centrale sont ornés de balustres, d'anges, de rinceaux et de chutes de fruits en argent repoussé. La porte centrale ouverte on voit une riche architecture, parterre à damier, les côtés en arcades munies de glaces. Le fond à pans coupés présente des portants à colonnes décorées de plaques d'argent repoussé, personnages dans le goût de Callot.

La partie supérieure se lève en couvercle à charnières et offre en peinture une fête de grands seigneurs sur un lac.

H. 1ᵐ80 avec le pied à colonnes, l. 1ᵐ10.

553. — **Bureau marqueterie d'étain, travail français, XVIIᵉ siècle.**

Le dessus de ce bureau se lève à la moitié de sa largeur et s'abat ainsi que le devant de la ceinture, donnant place pour écrire, cet intérieur à trois tiroirs est plaqué d'écaille rouge avec filets en ivoire, la face à quatre tiroirs et une caisse à une porte en retraite des tiroirs, couverts ainsi que les côtés de marqueterie d'arabesques en étain gravé sur fond de bois de palissandre. Ce meuble devait, à son origine, être porté sur huit pieds en balustres carrés reliés par deux ✕ et une traverse ; actuellement il est porté sur une table bois noirci à pieds contournés terminés par un sabot cuivre en pied de biche.

H. 0ᵐ95, l. 0ᵐ98.

554. — **Bibliothèque, travail français, XVIIᵉ siècle.**

A deux portes vitrées de toute la hauteur en bois de poirier teint en noir ornées de filets cuivres et de bronzes polis aux angles, aux entrées des serrures et sur le battant un mascaron avec chute, la serrure et l'espagnolette sont de l'époque.

H. 2ᵐ30, l. 1ᵐ50.

555. — Petit cabinet, travail italien, XVIIᵉ siècle.

Ce petit meuble à bijoux est plaqué en écaille brune, s'ouvre par un vantail s'abattant, à l'intérieur, neuf tiroirs en figurant onze encadrés de moulures, et ornés d'un bouton d'argent, le dessus s'ouvre en arrière et porte une glace, les tiroirs sont en bois de santal.

H. 0ᵐ35, l. 0ᵐ40.

556. — Petit cabinet ébène incrusté d'ivoire, travail italien, XVIᵉ siècle.

Les deux vantaux sont extérieurement décorés de simples filets d'ivoire, l'intérieur est orné de dix tiroirs à marqueterie d'arabesques d'ébène sur fond d'ivoire gravé, feuilles et fruits, au centre une porte carrée ayant une arcade d'ébène dans laquelle est incrusté en ivoire gravé un personnage debout tenant une épée. Ce cabinet est posé sur un pied à six colonnes torses, bois de noyer.

H. 1ᵐ22.

557. — Socle bois sculpté, travail français, XVᵉ siècle.

De forme pentagonale, composé de cinq panneaux d'architecture ogivale.

H. 0ᵐ27.

558. — Table colonnes torses, travail français, XVIIᵉ siècle.

Portée sur cinq colonnes torses en bois de noyer noirci, la colonne centrale est à double torse ajouré reposant sur une traverse à moulures, dans le haut un tiroir de toute la longueur.

H. 0ᵐ80, l. 1ᵐ04.

559. — Table à colonnes torses, travail français, XVIIᵉ siècle.

Cette table a un tiroir, monté sur quatre colonnes torses, entrejambes et traverse torses portant au centre un vase reposant sur quatre boules aplaties.

H. 0ᵐ76, l. 1ᵐ.

560. — Table, travail français, XVIIIᵉ siècle.

De forme carrée, les angles très arrondis, le dessus terminé par une moulure à canaux, la ceinture présente divers ornements, fleurs et rinceaux, les quatre pieds sont ornés dans la partie supérieure d'une large coquille et de divers ornements s'arrêtant au tiers de la hauteur, et sont terminés en pieds de biche.

Long. 0ᵐ70, h. 0ᵐ75.

561. — Glace, bois sculpté doré, travail français, XVIIIᵉ siècle.

L'encadrement présente au bas un trophée d'attributs de pastorale, pipeaux, cage, houlette, chapeau, etc., posés sur un terrain en rocaille d'où sort à gauche un lézard et à droite un escargot, les côtés sont formés de troncs d'arbres autour desquels grimpent des liserons fleuris, le haut présente des branches feuillues abritant un nid d'oiseaux.

H. 1ᵐ30, l. 0ᵐ90.

562. — Petite console, bois doré, travail français, XVIIIᵉ siècle.

Cette console est portée sur deux colonnes cannelées, entourées à leur base de feuilles de laurier ; la ceinture est ornée de rubans enroulés en torsades, au milieu un nœud de rubans d'où partent des guirlandes de roses. L'entrejambe cannelé porte un vase avec un bouquet, et deux guirlandes de roses descendant sur la traverse. Tablette marbre.

H. 0ᵐ85, l. 0ᵐ60.

563. — Porte-montre, travail français, XVIIIᵉ siècle.

De style rocaille, de forme contournée, ornée de fleurs et de feuilles, bois sculpté doré.

H. 0ᵐ40.

564. — Console d'applique, travail français, XVIIIᵉ siècle.

De style rocaille, ornée de fleurs, bois sculpté doré.

H. 0ᵐ20.

565. — Petit dévidoir, travail français, XVIIIᵉ siècle.

En bois de rose à marqueterie de petits cubes, la bobine fixée sur une plaque de bronze en forme de soufflet ornée de dessins ajourés, la boîte au centre contient un envidoir à ressort dont le couvercle glisse à fougère.

566. — Petit rouet à filer, travail français, XVIIIᵉ siècle.

Il est monté sur trois pieds tournés, manœuvrant à pédale ; il est orné de diverses pièces de travail du tour.

567. — Deux fûts de colonnes piédestaux, bois sculpté peint et doré, travail français, XVIIIᵉ siècle.

Ces deux piédestaux sont formés d'un fût de colonne tronquée, orné de cannelures, descendant en torsades, de guirlandes de fleurs, terminées par un ruban, arrêtées par un bouton ; à la base un tore de lauriers. Peints blancs et rehauts dorés.

H. 0ᵐ90, l. de la base carrée, 0ᵐ56.

BOIS SCULPTÉS

568. — Bas-relief, bois sculpté, travail français, XVᵉ siècle.

Ce bas-relief est découpé, il présente la vierge assise sur un banc bas, un ample manteau agrafé sur la poitrine, elle tient l'enfant Jésus de la main droite et présente un fruit de la main gauche.

H. 0ᵐ24.

569. — Groupe sculpture polychrome, travail français, XVIe siècle.

La présentation au temple, le grand prêtre tient l'enfant Jésus nu sur un autel de riche architecture formé d'une table portée sur un massif et d'une colonne détachée que supporte un dragon accroupi, à côté du grand prêtre sainte Anne ; haut relief qui devait faire partie d'un retable. H. 0m55, l. 0m29.

570. — Bénitier. Travail français, XVIIIe siècle.

Le fond est composé d'ornements rocaille, avec branches de feuilles et de fleurs, au-dessus deux têtes d'anges, au bas une vasque ajourée, ornée de coquilles et de branches de fleurs.

571. — Niche bois sculpté doré, travail français, XVIIe siècle.

Dans la niche une statuette de la vierge tenant l'enfant Jésus, entourée d'ornements et de guirlandes de fruits, d'une draperie et têtes d'anges. Dans le haut un écusson dans un cartouche, présentant une peinture. H. 0m43, l. 0m28.

572. — Fronton chêne sculpté, travail français, XVIIe siècle.

Cartouche portant dans le haut une corbeille treillisée remplie de fleurs pampres et raisins, posée sur un lambrequin, dans le milieu une gerbe de blé, le cuir du cartouche s'étend en volutes des deux côtés.

573. — Fronton, bois sculpté, travail français, XVIIe siècle.

Au centre un gros mascaron d'enfant, les cheveux entourent la tête et sont noués en tresses sous le menton. Dans le haut il y avait des écussons et une fleur de lys qui ont été mutilés, le cartouche finit en volutes et feuilles d'acanthe.

574. — Médaillon, bois sculpté doré, travail français du XVIIIe siècle.

Ce médaillon faisait partie d'une boiserie, devait être placé au-dessus d'une porte, il présente un buste de femme peint et doré. H. 0m52.

575. — Petit fronton de cadre, travail français, XVIIIe siècle.

Au milieu, un cartouche orné d'une guirlande de roses, à gauche une colombe, un carquois et des branches de laurier, à droite des flèches et des branches de laurier ; bois sculpté doré.

576. — Couronne en haut-relief, par Bonnet père, sculpteur beaunois.

Composée de fleurs et d'épis, bois de tilleul.

577. — Deux bustes, travail français, fin du XVe siècle.

Ces bustes en bois de chêne, l'un avec un casque, attribués à Sambin. H. 0m45.

578. — Un prophète, statuette chêne, travail bourguignon, commencement du XVIe siècle.

Une ample coiffure lui couvre la tête, une longue tunique descend en plis nombreux sur les pieds, un long titulus est enroulé autour du bras droit et descend à terre, cette statuette porte des traces d'anciennes peintures ; il manque le bras gauche, et de plus quelques mutilations en diverses parties.

579. — Saint Evêque, bois sculpté, travail français, XVIIe siècle.

Fragment de bas-relief présentant un évêque en habits épiscopaux, tenant une bourse.

H. 0m55.

580. — Anges adorateurs, bois sculpté, travail français, XVIIe siècle.

Ces anges aux ailes déployées s'élèvent au ciel, attribués à Dubois.

H. 0m55.

581. — La Vierge et l'enfant Jésus, travail français, XVIIe siècle.

La Vierge debout tient l'enfant Jésus sur le bras gauche ; de la main droite, elle présente un sceptre (manquant), une auréole de rayons doré l'entoure sur toute la hauteur ; bois doré et peint.

H. 0m30.

582. — Pastorales bas-relief, bois de noyer sculpté, travail flamand, XVIIIe siècle.

Ces deux panneaux, en bois de noyer sculpté, présentent tous deux, dans un paysage, un sujet pastoral.

H. 0m32, 1. 0m24.

583. — La chaste Suzanne, bas-relief bois, travail français, XVIIe siècle.

Au pied d'un arbre, Suzanne à demi nue, assise, les pieds dans une piscine, est surprise par les deux vieillards ; à droite, on voit une fontaine formée d'une cariatide de femme ailée donnant de l'eau par les seins ; ovale, bois de noyer.

584. — Sarcophage égyptien très ancien.

En bois de cèdre peint, couvert d'inscriptions et d'hiéroglyphes.

585. — Etui de scribe chinois.

Terminé par une boîte renfermant l'encre de chine, enveloppé d'une longue inscription en caractères chinois.

586. — Panneau chêne sculpté, travail français.

Dans un motif d'architecture un chevalier, sculpture en bas-relief.

587. — Panneau tilleul sculpté.

Bas-relief, fauconniers dans un motif d'architecture.

588. — Deux moules à pâtisserie, travail français, XVIe siècle.

L'un de ces moules est en fer portant des armoiries, le deuxième en bois gravé d'ornements.

589. — Chapelet en bois, travail français, XVIIe siècle.

Ce chapelet est un chef-d'œuvre de tour, chaque grain s'ouvre à vis et renferme un petit chapelet.

590. — Jésus enfant vainqueur de la mort, statuette buis, travail italien, XVIIe siècle.

L'enfant Jésus qu'une draperie couvre légèrement, pose un pied sur une tête de mort, à sa droite un pommier tronqué avec une branche renversée à terre.

591. — Peigne en buis, travail espagnol, XVe siècle.

Porte une inscription et une ornementation de dessins ajourés.

592. — Petit peigne ornements incrustés en étain.

593. — Peigne en buis, travail ajouré espagnol.

594. — Peigne présentant une croix sur pieds, à gradin.

595. — Chaise et tabouret à pieds tors, travail français, XVIIe siècle.

La chaise à dossier, à jour orné de trois petits balustres fuselés.
Le tabouret a quatre pieds, avec traverse et entrejambes torses.

596. — Sous ce numéro seront vendus les objets de ce genre omis au catalogue.

COFFRETS

597. — Grand coffret en fer, travail français, XVe siècle.

De forme rectangulaire plus long que large, ce coffret à couvercle légèrement bombé est entièrement composé de plaques de fer découpées à jour, style gothique flamboyant, appliquées sur fond de parchemin rouge, les angles du coffret sont munis de contreforts à clocheton, sur le devant une serrure à moraillon accompagnée de contreforts, sur le couvercle une poignée à torsade. L. 0^{m}43, larg. 0^{m}33, h. 0^{m}17.

598. — Coffret bronze, travail français, XVe siècle.

Cuivre de forme rectangulaire, à couvercle plat, orné d'inscriptions en caractères gothiques flamboyants.

599. — Coffret, travail français, fin XVe siècle.

De forme rectangulaire en bois de chêne, la face présente trois médaillons, un central où est fixée la serrure, de chaque côté un buste en médaillon, le dessus divisé en trois compartiments présente des rosaces, au milieu la poignée de fer à torsades.

600. — Coffret, travail français, XVIe siècle.

De forme rectangulaire en bois de noyer orné d'ornements sculptés sur toutes faces avec un socle à moulure, le couvercle bordé d'une moulure, le centre a été troué pour en faire une tirelire.

601. — Petit coffret, travail français, XVIe siècle.

En bois de chêne de forme rectangulaire, orné de sculptures, rosaces encadrées, garni de ferrures.

Long. 0^{m}21.

602. — Petit coffret, travail français, XVIe siècle.

En fer de la forme d'une malle, dessus arrondis, terminé par un poignée mobile, la bélière s'ouvre à secret et cache l'entrée de la serrure.

603. — Coffret à bijoux, travail italien, fin XVIe siècle.

De forme rectangulaire, en bois décoré de dessins dorés sur fond noir, encadrant des compartiments de différentes formes, et enchâssant des agates, Lapis-lazuli, brocatelle, etc. Sur le couvercle, à l'intérieur, est peint à la gouache sur parchemin, un écusson, armorié, ayant d'un côté Mercure, présentant une couronne, de l'autre côté Vénus.

604. — Coffret à bijoux, travail italien, XVIe siècle.

De forme rectangulaire, formé de plaques d'ivoire et d'incrustations en lozanges, à la certosine, serrure à moraillon cuivre doré.

605. — Tric-trac, travail italien, XVIe siècle.

Boîte carrée en bois plaqué ivoire, le tour est incrusté d'ornements étoilés en lozanges, au-dessous un échiquier.

606. — Coffret fer, travail flamand, XVIe siècle.

La face ornée de deux médaillons peints, les côtés ont un anneau, au milieu, entouré d'arabesques peintes, le couvercle à deux compartiments séparés par des bandes de fer, l'une cache l'entrée de la serrure fixée sous le couvercle, formant sur les trois faces.

H. 0^{m}10, long. 0^{m}19, larg. 0^{m}10.

607. — Coffret, travail italien, XVIIe siècle.

De forme barlongue, le dessus légèrement convexe, plaqué d'écaille rouge, orné de plaques d'argent estampé très minces présentant des corbeilles de fleurs.

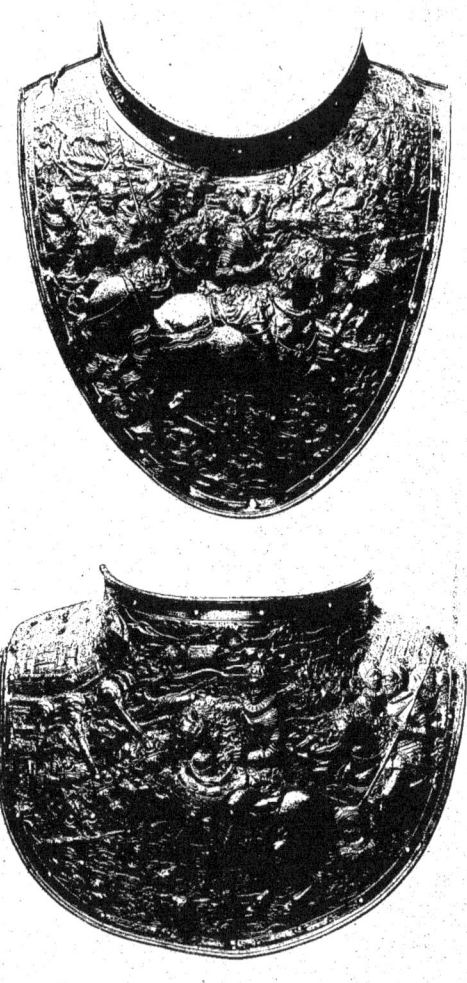

N° 614. — COLLETIN. *Fin du XVIe siècle.*

608. — Coffret, travail français, XVIIe siècle.

De forme rectangulaire, couvercle arrondi, en bois recouvert en cuir et de lames de fer, se fermant avec un moraillon.

609. — Etui, travail français, XVIIe siècle.

De forme circulaire, terminé en goulot, s'ouvrant de toute la hauteur, fermé par des agrafes et charnières d'argent, couvert en cuir rouge, estampé de semis de fleurs de lys.

610. — Etui, travail français, XVIIe siècle.

Bois recouvert de cuir noir gravé et estampé, semis de fleurs de lys, le dessus présente une croix en forme d'étoile; cet étui renferme un vase en métal d'antimoine.

611. — Coffret palissandre, travail français, XVIIIe siècle.

Ce coffret, plaqué en bois de palissandre uni, contient un service à thé composé d'un sucrier, d'une théière, d'une tasse et sa soucoupe en ancienne porcelaine du Japon et un flacon cristal, montés en argent; dans un tiroir au bas, un plateau en laque française à dessins or sur fond rouge.

612. — Coffret à ouvrage, travail français, XVIIIe siècle.

De forme carrée, bois peint, genre vernis de Martin, présente dans le pourtour à chacune de ses faces une fontaine, sur celle de devant la fontaine de Geronstère, côté droit, fontaine du Tonnelet, côté gauche, fontaine de Vatroz, derrière fontaine de la Sauvinière; sur le couvercle, une pastorale, un berger tenant une cage, une bergère donne la becquée aux oiseaux; à droite, une bergère tenant sa houlette les regarde, et dans un massif à gauche sont dissimulés deux personnages qui observent cette scène.

613. — Boîte, travail chinois.

Laque de forme carrée, décor personnages et fleurs sur fond noir, encadré de bandes laquées rouge.

ARMES

614. — Colletin, cuivre repoussé ciselé et doré, travail français, commencement du XVIIe siècle.

Cette admirable pièce d'une conservation exceptionnelle et du plus beau travail de ciselure d'un précieux fini, présente sur la face, en forme de hausse-col très allongé, la prise d'une ville forte ; les soldats piquiers en tête entrent dans la place. Henri IV et sa suite à cheval portant casque, cuirasse, longues bottes à éperons, etc.; le cheval du roi présente dans le harnais sur le poitrail un écusson couronné aux armes de France, trois fleurs de lys. Sur le dosserin on voit le siège d'une ville importante, enserrée de murailles crénelées que des canons bombardent servis par les hommes d'armes, au milieu Louis XIII ? commande, il est nu-tête, il porte l'armure, une écharpe flottante, il tient le bâton de commandement, son cheval est lancé au galop, son harnachement est tout gravé et on voit sur le poitrail des fleurs de lys, et dans un cartouche l'écu de France sommé de la couronne royale. Les détails d'armes des soldats et cavaliers, épées, lances, mousquets et habillements, sont traités avec une grande exactitude.

615. — Dossière d'une cuirasse, fer gravé, travail italien, XVIe siècle.

Ce dos de cuirasse est orné de bandes gravées, présentant des pièces d'armures, casques, brassards, etc., etc. Dans la partie supérieure, au milieu, un guerrier appuyé sur son bouclier dans un encadrement à cartouche, deux des bandes se terminent en volute ou médaillon à têtes de guerrier, les autres bandes sont unies.

616. — Brassard d'une armure française, XVIe siècle.

Ce brassard d'avant-bras gauche et le gantelet ne forment qu'une seule pièce, le canon est orné de bandes à torsades saillantes repoussées au marteau, le gantelet est très articulé, le vieux gant de peau est encore muni de mailles fines, rivées et soudées. Ce brassard s'ouvre au moyen de deux charnières et se ferme par un bouton.

617. — Manche de cotte de mailles, petits maillons rivés, XVe siècle.

618. — Porte-pierres de fusil à rouet, travail italien du XVIe siècle.

Cette boite à pierres est en fer repoussé et gravé de divers ornements et ajourés, munie par derrière de deux brides pour passer une courroie.

619. — Une paire éperons molettes à grandes étoiles, les branches ciselées présentent une suite d'ornements de même forme mais alternativement renversés, travail français, fin XVIe siècle.

620. — Trois éperons, deux terminés en pointe, un a molettes.

621. — Un éperon à tête carrée à longue pointe.

622. — Un éperon à tête carrée.

623. — Un éperon à branches très recourbées à petite molette.

624. — Un éperon à branches très recourbées à petite molette.

625. — Un éperon molette à étoile de douze pointes.

626. — Un éperon molette à étoile de cinq pointes.

627. — Hausse-col, travail allemand.

Choc de cavalerie, fonte douce.

628. — Masque de casque, travail français, fin XVe siècle.

Ce masque de fer repoussé au marteau provient d'un casque.

629. — Batterie de mousquet à rouet, travail italien.

La platine gravée présente un chien poursuivant une biche, la batterie également gravée de dessins en rinceaux.

630. — Batterie de fusil, travail espagnol, XVIIIe siècle.

631. — Batterie de fusil à pierre, en fer ciselé, travail allemand, XVIIIe siècle.

632. — Batterie de fusil à rouet à rondelle fer, travail allemand, XVIIe siècle.

633. — Poire à poudre, corne gravée, travail italien, XVIIe siècle.

Légèrement courbée et aplatie, présente sur la face un combat gravé. Monture et coupe-charge en fer.

634. — Poire à poudre, corne de cerf, travail allemand du XVIIIe siècle.

Des enfants nus chassent un sanglier poursuivi par des chiens, un des enfants tire un trait avec une arbalète, un autre épieu en main attend le passage de la bête; au-dessus est un masque de silène.

635. — Poire à poudre, corne, travail italien, XVIIe siècle.

Sur la face de la corne aplatie, est gravé un sujet de chasse; monture et coupe-charge en fer.

636. — Poire à poudre, travail français, XVIIe siècle.

Cette poire à poudre est de forme triangulaire au sommet tronqué, muni d'un tube destiné à contenir la charge et d'un ressort fer, coupe-charge, la face est ornée d'une plaque cuivre ciselé doré et ajouré se détachant sur un fond de velours grenat, elle présente un chevalier monté, le bras droit orné d'une masse d'arme prêt à frapper, il porte une riche armure avec le collier de la Toison d'or, tout autour une bande couvert d'arabesques se terminant en haut par un mascaron à draperies.

637. — Poire à poudre, cuivre estampé, allemande, XVIIIe siècle.

Présente, au centre, un écusson à trois lions passant à droite, surmontés d'une croix, sommé de la couronne de l'empire allemand posé sur un cartouche avec trophées d'armes, cuivre estampé, le dessous porte des brides pour passer cette poudrière dans la buffleterie.

638. — Poire à poudre, en corne de cerf, travail italien, XVIe siècle.

Présente, sur la face, Minerve tenant un dauphin (sans monture).

639. — Poire à poudre en corne garnie en argent, travail français, XVIIIe siècle.

Cette poire à poudre en corne noire est terminée par un bouchon en ivoire, monté en argent.

640. — Poire à poudre, corne de cerf, travail allemand, XVIᵉ siècle.

Sur la face, Dieu le père, portant une tiare et une chape, tire Eve de la côte d'Adam, sculpté en bas-relief.

641. — Poire à poudre, corne de cerf, travail allemand, XVIᵉ siècle.

Présente, en bas-relief sur la face, David et le géant Goliath; monture cuivre uni.

642. — Poire à poudre, corne de cerf sculpté, travail allemand, XVIᵉ siècle.

Sans monture, présente sur la face le jugement dernier. Le Christ sur un globe soutenu par des nuages, à ses côtés des anges sonnant de la trompe; au bas, les élus et les damnés.

643. — Amorçoir ivoire gravé, travail français, XVIIᵉ siècle.

Cet amorçoir, orné de dessins à enroulements et de masques, présente au milieu une armoirie d'argent au chevron d'azur, et trois glands de chêne, deux en chef, un en pointe, la monture est en argent gravé.

644. — Une poire à poudre et deux gourdes en cuir uni, XVIIIᵉ siècle.

645. — Un carquois cuir, Sénégal.

Il est orné de divers dessins gravés et crépinés, accompagné de quatre flèches.

646. — Un pagne en verroterie, Cafrerie.
647. — Un arc bois de fer et des flèches.
648. — Un poignard de la Polynésie.
649. — Un casse-tête bois de fer de la Polynésie.
650. — Deux mors de dressage fer, XVIIᵉ siècle.
651. — Un mors de dressage fer, XVIᵉ siècle.
652. — Une paire étriers fer, travail oriental, XVIᵉ siècle.

En fer ajouré, formant des cercles et autres figures.

653. — Un étrier en cuivre, orné de gravures en pointillé, travail italien, XVIIIᵉ siècle.

654. — Poignard oriental, du XVIIᵉ siècle.

A lame très recourbée, poignée et garde en fer argenté.

655. — Poignard arabe, monture bas argent, XVIIIᵉ siècle.

A lame légèrement recourbée, fourreau bois, couvert de deux feuilles d'argent soudées, présentent des arabesques repoussées au marteau, c'est le petit candjar que les arabes portent à la ceinture.

655 *bis*. — Un instrument de pêche, fer, XVIIᵉ siècle.

Cet instrument appelé fouine est à cinq branches, terminées en pointes de dard.

OBJETS EN FER

656. — Une serrure de bahut fer, travail français, XVᵉ siècle, formée de plaques ajourées de style ogivale, manquent les contreforts.

657. — Une serrure de maîtrise, travail français, XVIIᵉ siècle.

A l'intérieur toutes les pièces sont gravées et finissent en têtes de chimères, sur la plaque à l'extérieur sont gravés des animaux fantastiques et des feuilles (la clé manque).

658. — Une serrure de maîtrise, travail français, XVIIᵉ siècle.

La plaque est découpée à jour et gravée, la clé avec anneau uni arrondi au centre.

659. — Deux cadenas de forte dimension.
660. — Loquet de couvent et sa clé, travail français, XVᵉ siècle.
661. — Verrou fer repoussé et gravé, XVIᵉ siècle.
662. — Deux clés renaissance l'une avec anneau ajouré.
663. — Plaque de serrure à moraillon, XVIᵉ siècle.
664. — Rape à tabac fer damasquiné, travail italien, XVIIIᵉ siècle.

Cette rape de fer de la forme ordinaire s'ouvre à glissoir sur pivot, présente d'un côté damasquiné or et argent, une couronne de comte sur un chiffre composé de plusieurs lettres, de l'autre côté des arabesques.

665. — Jardinière en fer laqué, travail français, XVIIIᵉ siècle.

Semi-sphérique évasée et décorée d'un médaillon pastorale, sur fond noir et filets dorés.

COUTELLERIE

666. — Couteau, travail français, XVIᵉ siècle.

Ce couteau de forme très recourbée, terminé par une tête d'oiseau fabuleux, le talon de la lame est doré, elle est gravée sur toute sa longueur, sur la face, on lit : A TOUS ACCORD — TABOUROT. Le manche est contourné en bois fixé par quatre rivets à rondelles gravées, l'extrémité fermée par un rivet à boucle.

Ce couteau a sa gaine de cuir estampé et gravé, la face à enroulements de feuilles, le revers quadrillé de lozanges gravés, de l'époque.

667. — Couteau à lame recourbée, travail français, XVIᵉ siècle.

La lame très courbe et tranchante sur tout le contour, le talon gravé et doré, montée sur bois, terminé par une boule à rivet.

668. — Couteau et fourchette, travail français, XVIᵉ siècle.

Le couteau à large lame portant au talon un écusson gravé, de gueule à une face d'or, sommé d'une couronne de comte accostée, de deux branches de laurier. La virole fer gravé et ciselé, le manche ivoire sculpté présente des enfants grimpant sur des arbres.
La fourchette à deux dents sur une longue tige de fer terminée de même que le couteau, le manche également d'ivoire présente des enfants sur des arbres. Les armoiries sont celles de la famille Bouton de Chamily (Bourgogne).

669. — Petite serpette, travail français, XVIᵉ siècle.

La lame est ornée de rinceaux gravés des deux côtés, porte sur l'un d'eux une inscription VERSE DU VIN CAR IL EST BON, le manche ivoire tourné d'une succession de petites boules.

670. — Couteau à défaire, travail français, XVIᵉ siècle.

La lame droite arrondie à sa partie supérieure, est entièrement couverte d'ornements gravés et dorés, et porte à sa base de chaque côté une armoirie, trois écrevisses, deux en tête, une en pointe. Le dos de cette lame est gravé et porte une inscription, *Maison de Tuar Benis ez le Seigneur*. Le manche est uni, rond, en ivoire, muni d'une virole au bas et au-dessus en cuivre gravé et doré.

671. — Trousse, travail français, XVIIᵉ siècle.

La gaine en ivoire sculpté, à quatre pans, légèrement convexe, présente sur la face le roi David tenant une harpe, les trois autres côtés présentent des entrelacs et des feuilles.
Le manche du couteau est formé d'une statuette de femme en costume époque Louis XIII, tête nue, cheveux descendants et bouclés, collier de perles, corsage long, orné dans le haut d'une large dentelle, tenant un éventail de la main droite, et relevant une écharpe de la main gauche. La fourchette est emmanchée d'une statuette de Vénus portant la même coiffure et collier de perles que la précédente, à ses pieds Cupidon assis tendant une tige de fleurs et un arc.

672. — Petit couteau et sa gaine, travail français, XVIᵉ siècle.

La lame gravée à sa base et sur le dos d'animaux dorés, le manche à sa partie centrale porte les lettres VA., au bas, le chiffre Jésus d'un côté et de l'autre, le chiffre de Marie, l'extrémité est terminée par un panneau rond allongé orné de feuilles ciselées. La gaine en cuir estampé et doré de même époque.

673. — Couteau et fourchette, travail italien, XVIᵉ siècle.

La fourchette a deux dents ornées à la naissance de feuilles ciselées et dorées sur une base cannelée, montée sur une tige fuselée en forme de colonne terminée par un chapiteau, la base carrée sur le manche en os gravé en rinceaux, terminé par un vase rond en fer rivé.

Le couteau à large lame, le manche semblable à celui de la fourchette.

674. — Fourchette en argent, travail français, XVIᵉ siècle.

A deux dents, montée sur une tige tournée, le manche orné d'un mascaron à draperie et terminé par un chapiteau (devait se replier anciennement).

675. — Couteau pliant, manche argent, travail français, fin du XVIᵉ siècle.

La lame droite et pointue se replie sur le manche en argent gravé de feuilles et de fleurs, qui forme étui et contient un nécessaire composé de ciseaux à anneaux articulés, fer gravé et doré, d'un poinçon, d'un canif et d'un grattoir, ces trois objets sont d'une seule pièce en fer gravé et doré et se terminent par un vase. Le manche étui est fermé par une calotte hexagonale gravée de feuilles d'acanthe.

676. — Fourchette, travail français, XVIᵉ siècle.

Cette fourchette en fer à quatre dents se replie sur un manche en cuivre orné de dessins gravés (une dent de la fourchette est brisée).

677. — Couteau pliant, travail français, XVIᵉ siècle.

Lame droite se repliant sur un manche en os à dessins pointillés, virole en fer.

678. — Présentoir, travail italien, XVIᵉ siècle.

La lame est large et mince, rongée par la rouille, laisse voir encore des traces de gravures argentées, le manche ébène incrusté de minces filets de cuivre en rinceaux, l'extrémité fermée par un rivet à tête ronde.

679. — Couteau de cuisine, travail allemand, XVᵉ siècle, suite.

Lame très longue, étroite, ruinée par la rouille, montée sur deux plaques en os dont les rivets affectent la forme d'un écusson.

680. — Couteau, cuillère et fourchette. Travail italien, XVIᵉ siècle.

Dans un étui cuir rouge estampé, sont réunis cuiller en argent gravé se repliant, une fourchette à deux dents, se repliant en deux et un couteau, les trois manches sont en écaille incrustée de petits anneaux en argent, et montés en argent.

681. — Couteau. Travail italien, XVIᵉ siècle.

Lame droite et pointue, le manche à huit pans formés de nombreux anneaux d'os divisés en plusieurs zones et teints vert et blanc ; l'extrémité fermée par une boule rivée.

682. — Couteau et fourchette, travail italien, XVIIᵉ siècle.

La lame droite et pointue, talon arrondi, manche en écaille monté en argent, terminé par une tête d'ange ailée, rivet à tête ronde.

La fourchette à deux dents en fer et de même que le couteau, le manche écaille terminé par une tête d'ange.

683. — Couteau et fourchette, travail italien, XVIIe siècle.

Les manches d'ivoire pointillé de cuivre sur toute leur longueur. La fourchette à trois dents.

684. — Grattoir? Travail hollandais, XVIIe siècle.

La lame est gravée et dorée, l'extrémité, carrée à biseaux et tranchante sur les trois côtés. Le manche ivoire présente un empereur romain à cheval et des enfants renversés, puis quatre cariatides de femmes.

685. — Petite cuillère d'argent, travail français, XVIe siècle.

Le manche est formé d'une cariatide de femme. Cette pièce a été trouvée à Dijon rue Guillaume.

686. — Cuiller argent, travail français, XIVe siècle.

Le manche légèrement recourbé est terminé par un bouton.

687. — Cuiller, travail français, XVe siècle.

En argent le manche recourbé et terminé par un bouton, la cuiller est attachée au manche comme une pelle.

688. — Cuiller, travail français, XVIe siècle.

D'argent le manche terminé par une cariatide de femme.

689. — Cuiller en argent, travail français, XVIe siècle.

Elle est unie, renforcée à la naissance, le manche terminé par une armoirie porte une fleur de lys, et deux étoiles placées en chef une de chaque côté.

690. — Cuiller, travail français, XVIe siècle.

Cuiller en argent, le manche recourbé, terminé par une statuette de saint nimbé, la cuiller gravée présente une fleur et des feuilles.

691. — Cuiller, travail français, XVIe siècle.

Le manche recourbé (bronze).

692. — Cuiller et fourchette, travail italien, XVIIIe siècle.

La cuiller est d'argent, montée sur une tige à torsades, la fourchette a deux dents en fer, ces deux pièces sont montées sur petits manches en filigrane d'argent.

693. — Canif et poinçon, travail italien, XVIIIe siècle.

Lames en fer à talons tournés montés sur filigrane d'argent.

694. — Couteaux de table, travail français, XVIIIe siècle.

Ces deux couteaux à lames renflées au milieu et arrondies à leur extrémité sont montées sur des manches en faïence de Moustiers décor camaïeu bleu.

695. — Couteaux de table, travail français, XVIIIᵉ siècle.

Ces quatre couteaux, à lame légèrement courbée et arrondie, sont montés sur des manches en porcelaine de Chantilly à décor camaïeu rouge genre chinois.

696. — Étui en écaille, travail français, XVIIIᵉ siècle.

Cet étui en écaille monté en argent gravé est garni d'une tablette ivoire à deux feuilles, d'un porte-crayon, d'une paire de ciseaux à anneaux articulés, d'un compas, et d'une lame de couteau se vissant sur un poinçon.

697. — Cuiller, fourchette et couteau, travail italien.

Ces trois pièces sont d'argent émaillé de diverses couleurs, les manches en torsades et terminés par des têtes d'anges.

TABATIÈRES, BOITES ET BONBONNIÈRES

698. — Trois petites boites argent, travail français, XVIIIᵉ siècle.

Ces trois petites boites à parfums sont en argent gravé et émaillé, de formes différentes.

699. — Petit coffret à bijoux, cuivre doré, travail flamand, XVIIᵉ siècle.

De forme rectangulaire les deux grandes faces gravées et ornées de chatons en verre de couleur, le couvercle divisé en deux parties présente des arcades plein cintre, au milieu une anse, dessous la serrure incomplète.

700. — Petit coffret, travail italien, XVIIᵉ siècle.

De forme carrée, en bois recouvert de minces feuilles d'argent estampé, présente sur le couvercle deux musiciens, séparés par un vase à godrons, le tour un ornement se répétant.

701. — Boîte à jetons, travail flamand, XVIIᵉ siècle.

La boîte en laque brun rouge décor tout or, le dessus formé d'une plaque nacre présente dans un encadrement d'ornements rocaille Pluton et Proserpine.

702. — Boîte à jetons, travail français, XVIIIᵉ siècle.

De forme carrée ornée de dessins rocailles en bronze ciselés et ajourés laissant voir divers sujets sculptés sur la nacre.

703. — Boîte à jetons, travail français, XVIIIᵉ siècle.

De forme carrée, en buis laqué, incrusté d'ornements, fleurs, oiseaux en nacre burgaudine gravée, à reflets de couleurs, charnière et bouton en or.

704. — Boîte à jeux ivoire, travail français, XVIIIᵉ siècle.

Ornée de découpures et de dix-huit cases numérotées par neuf, dans le tiroir se trouvent des fiches de différentes formes, jeux anciens dit des neufs.

705. — Boîte, travail italien, XVIII° siècle.

De forme octogonale, en bois de poirier, le dessus incrusté de dix plaques d'ivoire présentant les attributs de la passion faisant cadre, au milieu la cène, sur les quatre faces des épisodes de la passion, le dessous la fuite en Égypte traités en bas-relief.

706. — Boîte ronde bois, travail français.

En ivoire de forme circulaire, présente divers ornements, au-dessous un lion couronné et une inscription.

707. — Bonbonnière, travail français, XVIII° siècle.

En ivoire de forme circulaire, le couvercle convexe présente au centre un amour dans un médaillon entouré d'ornements dans le goût de Bayard.

708. — Boîte à mouches ivoire, travail français, XVII° siècle.

Très plate de forme rectangulaire, s'ouvrant en long par une charnière d'argent, sous le couvercle à dessins piqués en argent, une miniature portrait de femme en costume de l'époque Louis XIV.

709. — Bonbonnière, travail français, XVIII° siècle.

En argent? ciselé gravé, sur le couvercle un camée coquille présentant Loth et ses filles.

710. — Boîte à mouches, travail français, fin XVIII° siècle.

Plate, de forme allongée, à pans coupés, cuvette creusée dans l'ivoire, le couvercle orné d'une miniature grisaille, le triomphe de l'Amour, monture argent doré.

711. — Boîte ivoire, travail oriental, XVII° siècle.

Cette boîte, ornée d'animaux en relief avec des rehauts de couleurs, est montée en argent gravé.

712. — Boîte ivoire, travail chinois.

De forme rectangulaire, présentant sur toutes ses faces des paysages à personnages, travail ajouré se détachant sur un fond ébène, entourée de bandes formant encadrement, ornée de feuilles et de fleurs.

713. — Travail français, XVIII° siècle.

De forme rectangulaire, les quatre faces et le couvercle, plaques de bronze ciselé doré, présente des branches de fleurs, se détachant en relief sur un fond granulé.

714. — Boîte, travail français, XVIII° siècle.

De forme rectangulaire, couverte de cuir rouge estampé à dessins dorés.

715. — Etui cuir, travail italien, XVIII° siècle.

De forme circulaire, plus large dans le haut, le couvercle orné d'une bordure de glands de chêne, au milieu, un ornement divisé en quatre parties formant huit lobes dans lesquels on voit un oiseau, cuir rouge gravé et estampé.

716. — Etui, travail français, XVIᵉ siècle.

En bois recouvert de cuir estampé et gravé, destiné à recevoir une cuiller et une fourchette, couvert d'ornements à rinceaux.

717. — Boîte écritoire, travail italien XVIIᵉ siècle.

En forme de malle, le couvercle arrondi, en bois noir orné de garnitures cuivre découpé, serrure à moraillon s'ouvrant à secret.

718. — Boîte, travail français, XVIIIᵉ siècle.

Agate poudingue de forme ovale, montée en cuivre ciselé et doré.

719. — Boîte, travail français, XVIIᵉ siècle.

Agate, le couvercle taillé à facettes, la cuvette creusée, monture argent ciselé.

720. — Boîte, travail allemand, XVIIIᵉ siècle.

Formée de plaques d'agate, divisée en deux compartiments égaux, montée en bronze doré.

721. — Boîte, travail italien, XVIIIᵉ siècle.

De forme barlongue, le dessus et le dessous légèrement convexes, composée de six plaques d'agate, monture cuivre doré.

722. — Boîte, travail italien, XVIIIᵉ siècle.

Formée de six plaques agate blanche, montées en cuivre doré.

723. — Tabatière, travail français, XVIIIᵉ siècle.

De forme rectangulaire, coins arrondis, cuvette creusée dans l'agate grise et brune, montée en argent.

724. — Tabatière, travail français, XVIIIᵉ siècle.

De forme ovale, en verre opalin émaillé, décor bouquets de fleurs, sur le couvercle, un chasseur sonnant du cor, monture cuivre doré.

725. — Tabatière, travail italien, XVIIIᵉ siècle.

De forme longue et plate, les angles à pans coupés, marbre brèche, montée en cuivre doré.

726. — Tabatière, travail italien, XVIIIᵉ siècle.

Plate et carré long à pans coupés en marbre de couleur, dessus et cuvette creusés dans la pierre, montée en argent.

727. — Tabatière, travail français, fin du XVIIIᵉ siècle.

Ivoire de forme ronde, présentant en buste Louis XVI, Marie-Antoinette, Louis XVII et sa sœur; sculpté en bas-relief.

728. — Tabatière, travail français, XVIIIᵉ siècle.

De forme ronde, bois de palissandre recouvert d'ornements rocaille en cuivre ciselé et découpé à jour, laissant voir le fond. Le couvercle également à dessins ajourés sur une plaque en argent.

729. — Boîte laque, travail chinois.

Ovale, décor tout or sur plaque brune.

730. — Tabatière, travail flamand, XVIII° siècle.

Forme coquille en ambre sculpté.

731. — Tabatière, travail français, XVIII° siècle.

En forme de ballot, sur le couvercle extérieur l'inscription en langue française, à l'intérieur, un sujet de pêche peint sur cuivre émaillé.

732. — Boîte à mouches, travail italien, XVIII° siècle.

De forme carrée, plate, en écaille piquée or, l'intérieur doublé en cuivre doré, sous le couvercle, une glace à biseaux, monture cuivre doré.

733. — Boîte à mouches, travail italien, XVIII° siècle.

Divisée en deux compartiments, formés de plaques d'agate, monture cuivre doré.

734. — Boîte à mouches, travail italien, XVIII° siècle.

Elle est ovale, plate, en écaille à ornements piqués en argent, montée en vermeil, à l'intérieur, sur le couvercle, une miniature, portrait en Diane chasseresse.

735. — Boîte à mouches, travail italien, XVIII° siècle.

De forme rectangulaire, le pourtour orné de fleurs, marguerites gravées, le dessus présente Geneviève de Brabant abandonnée, l'intérieur est divisé en deux compartiments, nacre.

736. — Boîte. Travail chinois.

Elle est rectangulaire, plate, porcelaine à décor mandarins, non montée.

737. — Boîte, porcelaine. Travail français, XVIII° siècle.

De forme hexagonale, décor médaillons, paysages camaïeu rose sur fond bleu.

738. — Boîte. Travail français, XVIII° siècle.

De forme rectangulaire émail fond bleu, décor quadrillé or, sur le pourtour, le dessus est encadré d'ornements rocailles, au centre bouquets en émaux de couleur.

739. — Bonbonnière, travail français.

De forme ronde, émail bleu turquoise décorée d'un buste de jeune fille, de fleurs et d'amours.

740. — Bonbonnière. Travail allemand, XVIII° siècle.

Rectangulaire, émail fond rose à réserves de médaillons, paysages en grisaille et d'ornements de dentelles blanches, monture cuivre doré.

741. — Bonbonnière. Travail français, XVIII° siècle.
Agate rouge forme contournée, cuvette creusée ; montée en cuivre doré.

742. — Bonbonnière. Travail français, XVIII° siècle.
En bois de cerisier de forme ronde, le couvercle convexe, présentant un cœur d'où sort une tige de fleurs et de feuilles. Atelier de Bagard.

743. — Bonbonnière. Travail chinois.
De forme ronde en jade gris sculpté, dessus et cuvette creusés.

744. — Boîte émail. Travail allemand, XVIII° siècle.
De forme barlongue, le couvercle convexe présente un paysage sur un fond bleu à dessins gaufrés, le pourtour légèrement concave, décoré de bouquets de fleurs.

745. — Boîte, travail allemand, XVIII° siècle.
Rectangulaire, émail sur cuivre, décor : fleurs sur fond bleu, sur le couvercle un paysage encadré de feuilles rocailles, monture bronze doré.

746. — Un pilon à tabac, buis sculpté.
747. — Une rape à tabac, buis sculpté.
748. — Un casse-noisettes, buis sculpté.
749. — Une boîte tête de mort, buis sculpté.

750. — Deux boussoles, travail français, XVII° siècle.
La première est montée dans une boîte en ivoire gravé, la deuxième est en cuivre gravé avec cadran disposé autour de la boussole, est enfermée dans un écrin chagrin noir, charnière en argent.

751. — Petit flacon verre, monté argent, travail français.
De forme baroque en verre rouge orné de dessins dorés, monté en argent.

752. — Flacon en noix de coco, travail français.
D'un côté dans des rinceaux un amour et un chien, de l'autre un trophée de musique, ce flacon est terminé en tête de dauphin.

753. — Poivrière, travail français, XVII° siècle.
Ivoire monté argent à ressort, présente d'un côté sur une plaque de coco deux amours, et de l'autre un amour présentant une flèche.

754. — Poivrière, un coco garni d'argent, XVII° siècle.
Sur la panse une bacchanale d'enfants et de faunes jouant, le bas orné de quatre feuilles d'acanthe.

BIJOUX

755. — Ceinture argent des sires de Joinville, travail français ? du XVIe siècle.

<small>Formée d'une bande à rangs de perles d'argent montées sur charnières d'une merveilleuse souplesse, d'un travail fin et curieux, terminée d'un côté par une rosace de perles et de l'autre par le crochet s'agrafant à la rosace.</small>

756. — Agrafe de ceinture nacre montée argent, travail italien, du XVIIe siècle.

<small>Cette agrafe de nacre sculptée est en forme de cœur.</small>

757. — Moitié d'une agrafe de ceinture montée en argent, forme de cœur broderie argent et perles.

758. — Deux plaques d'agrafe nacre sculptée non montées, travail italien du XVIIe siècle.

759. — Epingle, Vénus et l'amour dansant, miniature grisaille, travail français, XVIIIe siècle.

<small>Cette épingle est montée en or en forme de médaillon ovale, et porte la signature Mlle de la Pierre, avec cette épingle deux médaillons ronds présentant tous deux des amours peints en grisaille sur ivoire, dans des cadres similor.</small>

760. — Parure, collier et plaque de ceinture, camées en laves du Vésuve, têtes variées, montées en similor, travail italien (commencement du siècle).

761. — Pendant de cou filigrane argent, travail allemand XVIIe siècle.

<small>Présentant deux aigles couronnés aux ailes éployées, au milieu un médaillon en forme de cœur, saint Georges d'un côté et de l'autre la sainte Vierge.</small>

762. — Breloque or à surprise, travail français, XVIIIe siècle.

<small>En forme de cassolette sphérique, en l'ouvrant, il sort une petite statuette d'argent, Cupidon debout sur un dauphin fixée par un ressort qui la fait mouvoir.</small>

763. — Epingle en or, camée à trois couches, tête de jeune homme.

764. — Epingle en or, camée cornaline antique ? tête d'homme.

765. — Trois croix argent, ornées de grenats, de cristal de roche et de marcassite.

766. — Croix d'or, émaillée noir et blanc, travail français, XVIe siècle.

767. — Petite croix avec le Christ, en or, travail français du XVIe siècle (traces d'émail noir).

768. — Croix et Christ en or, travail français, XVIIe siècle, poids, 9 grammes.

769. — Croix en or, au milieu le Saint-Esprit, XVIIe siècle.
Au bas est suspendue une perle en or.

770. — Croix d'or, estampée à facettes, travail français (Auvergne), XVIIe siècle.

771. — Croix filigrane d'argent doré, formée de rosettes, terminée par deux enroulements.

772. — Croix en cuivre, ornée de cinq cabochons verres bleus (le sixième manque), trouvée à Charnay.

773. — Croix, cuivre émaillé de l'ordre des Hospitaliers du Saint-Esprit, à Dijon.

774. — Décorations autrichiennes argent et deux en bronze.

775. — Deux décorations du tir du clos Chaussenot, l'une de 1807, et l'autre de 1809.

776. — Décoration des chevaliers de l'Arc, d'un côté Saint Sébastien, de l'autre arc et flèches.

777. — Décoration des Cent jours, un aigle couronné posé sur une croix à quatre branches, tient dans ses serres des palmes.

778. — Petit médaillon rectangulaire, argent doré sur fond rayé d'argent (traces d'émail bleu).
Diane chasseresse, encadré d'une torsade, travail français XVIe siècle.

779. — Broche camée, tête de femme XVIe siècle, monture en or.

780. — Pomme de canne, argent émaillé, ornée de pierres fines, grenats, turquoises, etc.

781. — Cachet monté or, cornaline antique.
Un scarabée, la monture est formée de deux serpents enroulés.

782. — Cachet à trois faces, jaspe, cornaline et agate, présentant chacune une tête, monture en or.

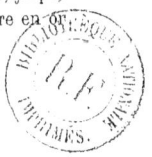

783. — Cachet argent armorié, travail français, XVIIIᵉ siècle.

784. — Boucle d'oreille or, travail indien, poids 13 grammes.

785. — Boucle d'oreille, un rubis et six perles fines, montés en or.

786. — Epingle or, camée à deux couches.
<small>Tête de nègre couronné d'épis.</small>

787. — Boîtier de montre, travail français, XVIᵉ siècle.
<small>Cette boîte de cuivre doré, de forme circulaire, présente autour des satyres, des oiseaux fantastiques, le dessous des rinceaux, le dessus ajouré en douze parties, laissait voir les heures, l'intérieur est tout gravé.</small>

788. — Montre or à double boîtier, travail français, XVIIᵉ siècle.
<small>Le fond présente, en bas-relief ciselé, la continence de Scipion. Le mouvement à roue de coq et à sonnerie.</small>

789. — Montre or, fond à médaillon, travail français, XVIIIᵉ siècle.
<small>Portrait entouré d'ornements rocailles et d'un fronton carquois.</small>

790. — Montre argent à double boîtier écaille, pointillé d'argent, travail anglais, XVIIᵉ siècle.

791. — Montre argent à double boîtier, travail français, XVIIᵉ siècle.
<small>Le tour du boîtier est ajouré avec des réserves de médaillons animaux, le fond présente Joseph devant Pharaon.</small>

792. — Montre cuivre doré, forme de croix, travail français, XVIᵉ siècle.
<small>Le couvercle est de cristal de roche à biseaux, le cadran très finement gravé fait regretter l'absence de la boîte.</small>

793. — Un taille-plume bronze, travail allemand, XVIᵉ siècle.
<small>En forme de petit monument carré, orné de moulures, signé J. Anton. Schega fecit, et un petit instrument pour fendre la plume.</small>

794. — Pendulette, bijou, travail français, XVIIᵉ siècle.
<small>En forme de pendule à cage, les côtés ornés de cariatides de femmes ailées, et de têtes d'anges, bronze ciselé doré, petit mouvement à roue de coq; provenant du cabinet de Louis-Philippe.</small>

795. — Fond de boîte or, repoussé et ciselé.
<small>Télémaque assis près de Mentor, raconte ses aventures à Calypso, entourée de ses nymphes, Cupidon voltige dans les airs. — Signé au bas, D. Cochin, fᵉ.</small>

BAGUES EN OR AVEC PIERRES GRAVÉES

796. — Bague or, jaspe antique gravé.
   Hercule vainqueur du géant Antée.

797. — Bague or, de forme oblongue jaspe antique gravé de caractères hébraïques.

798. — Bague or. Jaspe antique gravé.
   Captif à genoux, au-dessus une inscription tu. te.

799. — Bague or, jaspe antique gravé.
   L'amour conduisant un char traîné par un léopard et une chèvre.

800. — Bague or, anneaux en trois chaînettes, chaton jaspe sanguin gravé, animal fantastique.

801. — Bague or, jaspe antique.
   Apollon tenant une lyre.

802. — Bague or, jaspe antique gravé.
   Un jeune chasseur et son chien.

803. — Bague or, jaspe antique gravé.
   Guerrier assis tenant une victoire.

804. — Bague or, cornaline gravée antique.
   Devant deux termes six personnages debout.

805. — Bague or, cornaline gravée.
   Soldat accroupi tenant son bouclier et un glaive.

806. — Bague or, cornaline gravée antique.
   Fête à Bacchus.

807. — Bague or, cornaline gravée antique.
   Tête de guerrier avec casque.

808. — Bague or chaton mobile, cornaline antique.
   Scarabée, dessous gravé, trois chevaux élancés.

809. — Bague or, cornaline blanche gravée.
   Cérès ? antique.

810. — Bague or, cornaline gravée antique.
Présente un scorpion.

811. — Bague or, cornaline blanche antique, montée or, XVIII⁰ siècle.
Mercure à cheval sur un bouc tenant un caducée et une bourse.

812. — Bague or, cornaline gravée antique.
Tête d'homme.

813. — Bague or, cornaline gravée.
Tête de femme.

814. — Bague or, cornaline blanche gravée.
Une baigneuse s'essuyant.

815. — Deux bagues, anneau à chaînettes en or, cornalines gravées.

816. — Bague or, cornaline gravée.
Jeune femme tenant un casque.

817. — Bague or, cornaline gravée.
Tête de jeune homme, monture XVIII⁰ siècle.

818. — Bague or, cornaline à deux couches.
Muse de la tragédie, buste de jeune femme.

819. — Bague or, rouge antique gravé.
Guerrier agenouillé tenant un bouclier devant un buste de Jupiter.

820. — Bague or, rouge antique gravé.
L'amour conduit un char traîné par deux cygnes, la monture en or du XVI⁰ siècle.

821. — Bague cuivre doré, cornaline octogonale gravée.
Colombe portant une fleur, XVIII⁰ siècle.

822. — Bague or, cornaline camée XVII⁰ siècle.
Tête de la sainte Vierge.

823. — Bague or, camée.
Tête de femme.

824. — Bague or, onix à trois couches.
Masque tragique posé sur trois têtes de profil.

825. — Bague or, camée à deux couches.
    Tête de vieillard.

826. — Bague or, camée à deux couches.
    Buste de guerrier.

827. — Bague or, camée à deux couches.
    Tête de Gorgone.

828. — Bague or, camée à trois couches.
    Buste de jeune femme.

829. — Bague or, camée onix à deux couches.
    Tête d'homme.

830. — Bague or, camée à deux couches.
    Tête de Minerve.

831. — Bague or, camée à deux couches.
    Tête de Cicéron.

832. — Bague or, camée à deux couches.
    Masque tragique.

833. — Bague or, camée à deux couches.
    Tête de femme voilée.

834. — Bague or, camée onix à trois couches.
    Tête de Jupiter Ammon, antique?

835. — Bague or, camée à trois couches.
    Tête de Socrate.

836. — Bague or, agate à trois couches.
    Tête de jeune femme couronnée de roses.

837. — Bague or, camée encadré de rubis.
    Jeune fille, un doigt sur la bouche, monture du xviiie siècle.

838. — Bague or, onix camée.
    Un moine la tête ciselée en or, xvie siècle.

839. — Bague or, sardonix antique gravée.
    Tête de Brutus (au-dessous un poignard).

840. — Bague or, camée sardoine sur fond onix
Indienne adorant le Soleil.

841. — Bague or, camée à trois couches, antique.
Tête de femme coiffée d'un mufle de lion (monture du xviiie siècle).

842. — Bague or, camée agate à trois couches.
Tête d'Hercule, antique.

843. — Bague or, camée à deux couches.
Cupidon captif.

844. — Bague or, agate à deux couches.
Tête de nègre, travail italien xvie siècle.

845. — Bague or, agate à trois couches.
Tête de nègre, coiffée d'un turban.

846. — Bague or, camée à trois couches.
Tête de nègre, travail italien xviie siècle.

847. — Bague or, camée à trois couches.
Tête de vieillard à barbe blanche.

848. — Bague or, onix à trois couches.
Tête de femme voilée.

849. — Bague or, onix à deux couches gravée.
Pégase antique

850. — Bague en or antique, nicolo gravé.
Un oiseau.

851. — Bague en or, nicolo gravé.
Un croissant et trois étoiles.

852. — Bague or antique, nicolo gravé.
Enfant tenant un raisin.

853. — Bague or, antique, nicolo gravé.
Une abeille.

854. — Bague or, antique, nicolo gravé.

855. — Bague or, lapis-lazuli, antique gravé.
  Mars tenant une haste et un bouclier.

856. — Bague or, lapis-lazuli, camée.
  Tête d'homme, travail italien.

857. — Bague or, camée opale.
  Une tête de singe, coiffée de trois rubis, XVIIIe siècle.

858. — Bague or, améthiste gravée antique.
  Guerrier assis, tenant un glaive, à gauche une inscription, le nom du graveur en caractères grecs.

859. — Epingle or, améthyste camée.
  Buste de jeune homme.

860. — Bague or, améthiste antique gravée.
  Cavalier lancé au galop.

861. — Bague or, camée améthiste antique.
  Buste de vieillard.

862. — Bague or émaillé, XVIIe siècle, nicolo gravé.
  Mercure, entouré de lettres grecques.

863. — Bague or, pierre gravée.
  Minerve.

864. — Bague or antique, agate blanche gravée.

865. — Bague en or, agate grise opaque gravée.
  Une main tenant un caducée, XVIe siècle.

866. — Bague or, malachite.
  Tête d'homme.

867. — Bague or, bois sculpté par Bozanigo.
  La Vénus du Titien (travail italien XVIIIe siècle), cette bague est entourée de perles fines.

868. — Bague or, cristal de roche cabochon ovale strié.

869. — Bague or, chaton forme duchesse, à trois pierres, deux cabochons, agate, au milieu une pierre gravée, antique.
  Un aigle

870. — Bague en or, forme duchesse, chaton topaze blanche.
871. — Bague or émaillé noir chaton sept tables de diamant (provenant des seigneurs de Joinville).
872. — Bague or émaillé noir, chaton une rose, monture XVIe siècle.
873. — Bague or, chaton turquoises et tables de diamant.
874. — Bague en or, anneau formé d'une chaînette.
875. — Petit anneau en or, travail français, XIVe siècle.
<small>Porte à l'intérieur, en caractères style gothique du XIVe siècle, une inscription : non sans cause.</small>
876. — Bague or antique.
<small>L'anneau est formé de deux couleuvres enroulées.</small>
877. — Bague or antique, chaton gravé.
878. — Bague or antique, enchâssant une turquoise.
879. — Bague or, ciselé antique.
<small>L'amour nu debout tient des foudres, à côté un porc.</small>
880. — Bague or.
<small>Agate jaspée présentant un buste dans les veines de la pierre.</small>
881. — Bague or, camée corail rouge.
<small>Tête de jeune garçon (a une petite ébréchure).</small>
882. — Bague or, camée coquille.
<small>Empereur romain monté sur un éléphant.</small>
883. — Bague en or ornée de perles.
<small>Présentant les trois divinités, Brahma, Vichnou, Siva.</small>
884. — Bague en or, enchâssant une agate herborisée ovale.

BAGUES ARGENT, FER AVEC PIERRES GRAVÉES

885. — Bague argent antique, nicolo gravé.
<small>Jupiter nu, assis, tient un sceptre d'une main et les foudres de l'autre, à ses pieds un aigle.</small>

886. — Bague argent antique.
Un éléphant, camée (on peut lire au bas Roma).

887. — Bague argent antique, nicolo gravé.
Berger et son chien, trouvée à Vienne (Dauphiné), en 1826.

888. — Bague argent antique, nicolo gravé.
Un cheval.

889. — Bague argent antique, nicolo gravé.
Un coq.

890. — Bague argent antique.
Le chaton, en forme de poisson, présente au centre une cornaline gravée, femme drapée tenant deux poissons.

891. — Bague argent antique à trois cornalines gravées.
Présentant Vénus, un aigle et Mars.

892. — Bague antique, argent, cornaline gravée.
L'enlèvement d'Europe.

893. — Bague cuivre doré, cornaline.
Une tête d'homme, XVIIe siècle (brisée en deux).

894. — Bague à clé argent, deux cornalines gravées.
Terpsichore d'un côté, et de l'autre un amour.

895. — Bague à clé argent, à deux chatons jaune antique gravé.
L'un présente un lion attaqué par une abeille, l'autre un cheval élancé; époque gallo-romaine.

896. — Bague à clé argent, gallo-romaine, cornaline gravée.
Un bœuf luttant.

897. — Bague argent antique, sur le chaton.
Une pièce d'argent recoupée, tête d'empereur romain.

898. — Bague argent, XIIIe siècle.
Sur le chaton est gravé le monogramme du Christ.

899. — Bague argent émaillé, chaton agate, XVIe siècle.

900. — Bague à cassolette argent, XVIe siècle.
Sur le chaton des caractères arabes gravés.

901. — Bague à cassolette argent, chaton turquoise, travail oriental, XVIIIe siècle.
902. — Bague argent, cœur couronné, anneau en torsade.
903. — Bague argent, chaton une dent.
904. — Bague argent.
   Tête de femme, camée coquille.
905. — Bague argent doré, XVIe siècle, chaton brisé.
906. — Bague argent, jaspe vert, translucide gravé.
907. — Bague or, agate herborisée ovale.
908. — Bague argent, le chaton formé de deux petits sabots, XVIIIe siècle.
909. — Bague argent doré, XVIe siècle, enchâssant un verre imitation du rubis.
910. — Bague en argent, chaton en forme de semelle, porte écrit RIVN.. XIIIe siècle.
911. — Lot de cinq bagues en argent, chatons gravés.
912. — Deux bagues bronze.
913. — Sept bagues variées, bronze et argent, de diverses époques.
914. — Lot de six bagues à clés gothiques en bronze.
915. — Bague bronze antique, camée onix à deux couches.
   Tête de femme.
916. — Bague bronze antique, phallus.
917. — Bague cuivre, cornaline blanche taillée sur les bords en facettes, gravée une écrevisse, XVIIIe siècle.
918. — Bague cuivre doré, cornaline ovale gravée. Sainte Catherine ? XVIe siècle.
919. — Dix bagues en bronze à chatons variés.
920. — Bague bronze gravé en forme de semelle, une colombe et le monogramme du Christ, XIIIe siècle.
921. — Trois bagues bronze du XIVe siècle.
922. — Bague cuivre gravé, le monogramme du Christ. IHS.
923. — Bague cuivre doré ? verre antique gravé.
   Tête d'empereur romain laurée et tête d'impératrice.

924. — Bague anneau cuivre doré, inscription hébraïque (bonne réussite).

925. — Bague d'un abbé de Saint-Etienne en bronze doré.
Présentant, sur les deux grands côtés, un écusson de la ville de Dijon entre deux crosses et sur les petits côtés les deux lettres grecques I.C., le Christ bénissant tenant un livre, le chaton grosse pâte de verre améthiste.

926. — Bague antique en fer, buste d'Esculape en or ciselé ; de chaque côté un bâton avec serpents enroulés argent ciselé, pièce très intéressante.

927. — Bague fer, camée en or, tête de femme (provenant d'une pièce de monnaie).

928. — Bague de fer damasquiné.
Armoirie gravée, écu écartelé, au premier et au quatrième une fleur de lys, au deuxième et troisième une croix de Malte.

929. — Lot de quatre bagues fer gravé et avec cornaline de diverses époques.

930. — Vingt bagues, fer, bronze, de diverses époques.
A chatons gravés et ornés de pierre; ce lot sera divisé.

931. — Sept bagues en fer et quatre en bronze, trouvées sur divers territoires de la Côte-d'Or.

932. — Bague en cornaline antique gravée.

933. — Bague ivoire travaillé à jour.
Sur le chaton un œil ouvert.

934. — Bague, verre égyptien (anneau simple).

935. — Bague de deuil, ivoire.
Au chaton, un œil larmoyant.

936. — Bague argent, ornée de pierres cabochons et d'une perle.

937. — Bague argent, anneau à quatre pierres, XVIe siècle.
L'anneau est orné de quatre cabochons, un rubis, une turquoise, une améthiste et une hyacinthe.

938. — Bague cristal de roche et strass, montée argent.

939. — Bague argent doré à branches de fleurs.
Le chaton cabochons turquoise et tables verres rouges.

CAMÉES ET PIERRES GRAVÉES

940. — Camée à trois couches, travail italien, XVIe siècle.
Mars portant un casque.

941. — Cornaline à deux couches.
Tête de jeune femme couronnée de roses.

942. — Camée à deux couches onix.
Tête de Minerve.

943. — Onix à deux couches.
Buste de jeune femme, un ruban retient sa chevelure.

944. — Onix à deux couches.
Buste de jeune femme, un voile sur les cheveux.

945. — Camée, onix à trois couches, XVIe siècle.
Buste d'homme, casque lauré.

946. — Camée à deux couches.
Vénus nue, debout, découvre l'amour à cheval sur un dauphin.

947. — Camée à deux couches.
Vénus conduit un char traîné par des colombes et donne un arc à Cupidon.

948. — Camée, cornaline à deux couches, rouge et blanche.
Mars et Vénus.

949. — Camée à deux couches, grise et jaune.
Tête d'homme, haut-relief antique. Ce camée a été fixé sur une plaque d'agate pour le solidifier.

950. — Camée antique, cornaline à deux couches.
Silène portant une peau de lion et tenant une patère.

951. — Camée antique, cornaline à deux couches.
Deux têtes d'impératrices, XVIIIe siècle.

952. — Camée marbre.
Tête de vierge.

953. — Camée, marbre onix d'Afrique.
Tête d'homme.

954. — Camée pierre dure, travail italien, XVIᵉ siècle.
Tête de Minerve.

955. — Camée jaspe vert XIIᵉ siècle.
La sainte vierge debout, la tête ceinte d'un nimbe tient un long titulus ; de chaque côté de la tête en caractères grecs, Mère de Dieu.

956. — Jaspe sanguin.
Saint Jean en buste vu de face, vêtu du pallium, orné d'une croix, la tête nue et ceinte d'une auréole, tenant un livre de la main droite ; de chaque côté des caractères grecs, que nous traduirons ainsi. Dominus Johannes discipulus Christi.
Ce beau camée d'une époque très reculée a été gravé et décrit dans la revue encyclopédique de Millin en 1811.
Ce précieux camée est renfermé dans un reliquaire de cuivre doré sous une plaque de cristal de roche (Signalons une ébréchure à gauche au bas de la pierre).

957. — Camée sur noyau de fruit XVIᵉ siècle.
Buste d'empereur romain, autour est une inscription : Tu uxor Livia august.

958. — Quatre camées divers, pierres antiques.

959. — Douze camées en laves, travail italien, XVIIIᵉ siècle.
Tête de Mercure, Minerve et buste divers.

960. — Trois camées en verre.
Apollon, monté sur argent, le 2ᵉ tête laurée d'empereur romain, le 3ᵉ caractères arabes ? sans monture.
Médaillon verre gravé monté bronze doré et cinq verres sans monture.

961. — Bague à surprise, en cuivre argenté.

962. — Sept bagues diverses.

963. — Huit camées en laves têtes et autres.

964. — Camée, Malachite.
Tête de femme couronnée de roses, un collier de perles au col.

965. — Deux camées, marbre et lave.
Une tête et Hercule Commode.

966. — Quinze camées, coquilles de diverses grandeurs et époques.

967. — Camée corail, travail italien, XVIᵉ siècle,
Tête de vieillard.

968. — Camée à trois couches.
>Tête de jeune femme et de vieillard, ce camée est brisé en deux parties, rejointes par une cuvette de cuivre et un fragment de camée en ambre jaune, présentant une tête.

969. — Camée coquille antique ?
>Masque tragique.

970. — Cristal de roche gravé, XVIe siècle.
>Cérès assise devant une colonne tient une victoire.

971. — Rouge antique gravé, travail italien, XVIIe siècle.
>Tête d'homme barbu.

972. — Jaspe antique.

973. — Jaspe gravé.
>Mercure tenant un caducée conduit un char traîné par deux coqs.

974. { Cornaline gravée.
>Tête de jeune femme (brisée en deux portions et recollées).

Jaspe antique gravé.
>Brisé, il en manque une partie.

975. — Cornaline gravée.
>Buste de femme.

976. — Cornaline gravée.
>Tête de vieillard.

977. — Deux cornalines gravées de caractères arabes.

978. — Cornaline blanche gravée.
>Cérès, cette pierre est brisée en deux parties collées sur verre.

979. — Deux cornalines à deux couches gravées.
>Tête de femme et d'homme (enlevées sur une couche blanche).

980. — Cornaline blanche gravée.
>Deux têtes accolées.

981. — Cornaline gravée, XVIe siècle.
>Tête de soldat romain portant le casque.

982. — Cornaline blanche gravée.
>Neptune et tête de jeune femme formant deux médaillons.

983. — Cornaline antique gravée.
Buste d'impératrice diadémée d'un double rang de perles, noué par derrière.

984. — Cornaline à deux couches gravées.
Jeune femme tenant un arc.

985. — Cornaline ovale gravée, montée dans un cadre en or.
Les Vestales entretenant le feu sacré.

986. — Cornaline gravée, travail italien, XVI⁰ siècle.
L'aurore conduisant un bige.

987. — Cornaline gravée ovale.
Terpsichore, muse de la danse.

988. — Cornaline gravée, XVIII⁰ siècle, travail italien.
Jeune femme portant un vase à parfums, autre cornaline gravée faisant pendant, sertis dans un cadre d'or.

989. — Cornaline gravée ovale, sacrifice antique.
Devant un autel une jeune femme tient une couronne, deux personnages l'un debout et l'autre assis.

990. — Agate verte ovale gravée.
Vénus tenant un arc et une flèche.

991. — Ambre gravé.
Un lion autour une inscription.

992. — Agate rubanée gravée.
Vulcain forgeant une arme.

993. — Agate gravée.
Tête de jeune femme.

994. — Agate gravée.
Enseigne romaine, à côté est écrit Beata Trano, au pied de l'enseigne un serpent

995. — Agate herborisée.

996. — Pierre gravée onix deux couches.
Hercule étouffant un lion.

997. — Agate gravée antique.
Romulus et Remus allaités par une louve (cette pierre est brisée à droite).

998. — Collier de sept noyaux sculptés, travail italien, XVIIe siècle.
Chaque noyau présente une tête d'empereur romain et d'impératrice.

999. — Lot de cornalines gravées, têtes et sujets.

1000. — Lot de jaspes gravés.

1001. — Lot de lapis-lazuli gravés.

1002. — Lot d'agates gravées.

1003. — Collection de camées reproduits en plâtre.
Têtes et sujets divers renfermés dans une cassette.

MOSAÏQUES

1004. — Pie VII en prières, mosaïque, travail italien.

1005. — Ruines de temples romains, mosaïques en pierres dures, cadre ciselé doré, XVIIIe siècle.

1006. — Six autres mosaïques, ruines romaines.

MARBRES, PIERRES ET ALBATRES SCULPTÉS

1007. — Deux bas-reliefs marbre blanc époque, gallo-romaine.
Présentant chacun un personnage debout.

1008. — Un bas-relief, marbre blanc, gallo-romain.
Buste d'homme dans un médaillon rond (manque un morceau).

1009. — Tête de femme, marbre antique.
Cette tête de grandeur nature et de la plus belle époque romaine, a subi une restauration, provient de la collection de M. de Migieux.
H. 0^{m}31.

1010. — Tête de femme, marbre antique.
Cette tête est de demi-nature, posée sur un socle de pierre.
H. 0^{m}15.

1011. — Bas-relief, médaillon XIVe siècle.
Un ange tenant un titulus gravé profondément dans un médaillon de marbre blanc ; a été trouvé lors de la démolition de la rotonde de Saint-Bénigne.
Diam. 0^{m}14.

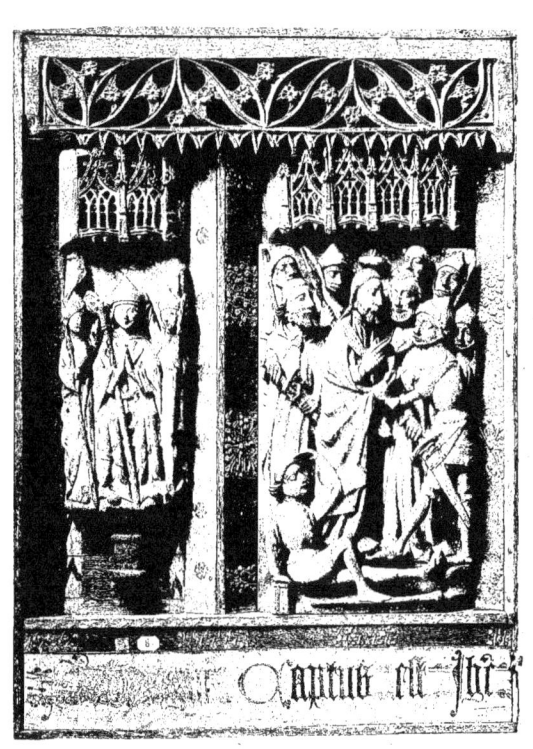

N° 1012. — RETABLE DE CLUNY *(Volet de gauche)*.

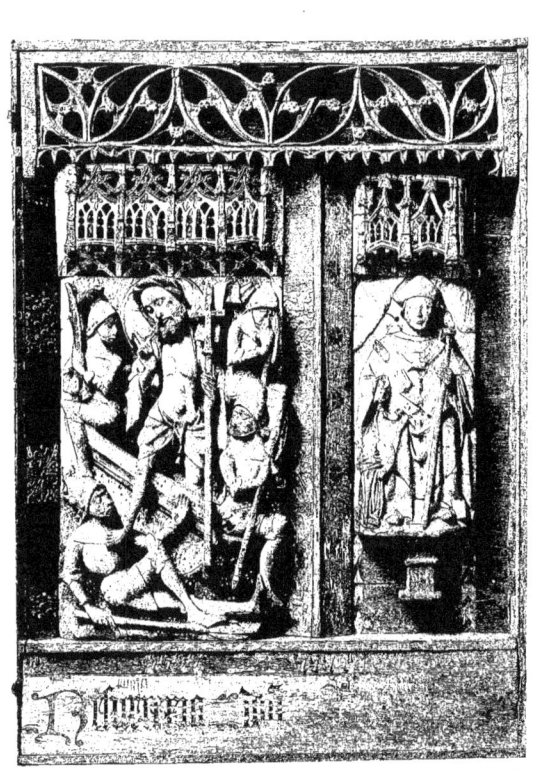

N° 1012. — RETABLE DE CLUNY *(Volet de droite)*.

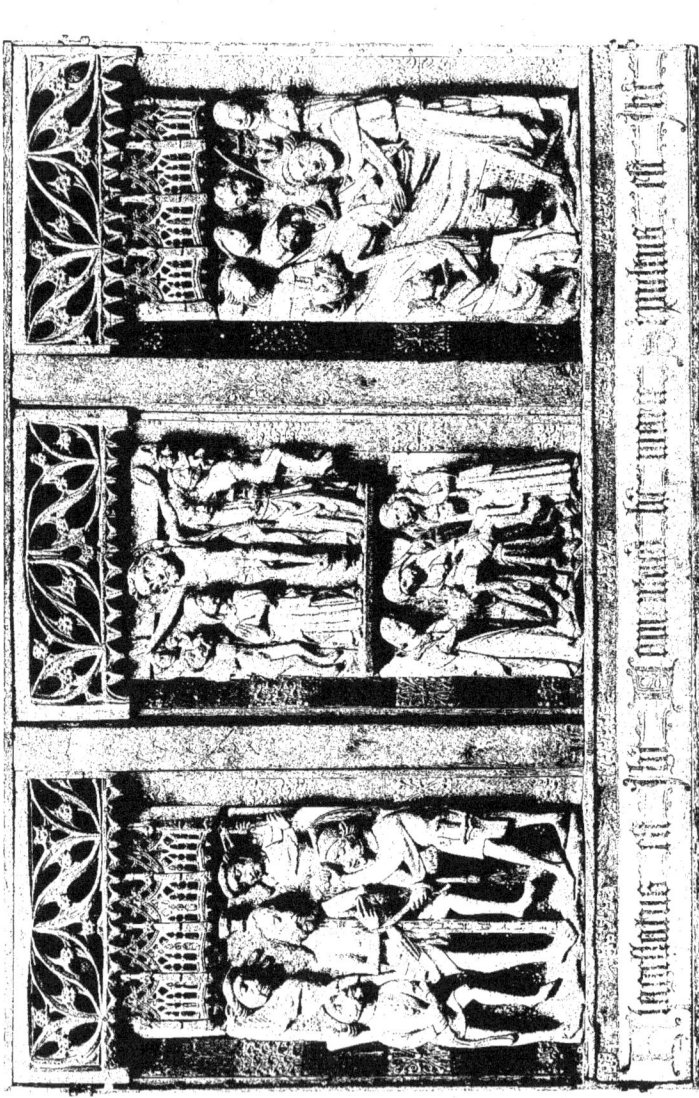

N° 1012. — RETABLE D'AUTEL (ABBAYE DE CLUNY). *Partie centrale.*

1012. — Rétable d'autel, triptyque bois et albâtre sculpté, travail français, fin XIVe siècle.

La partie centrale est divisée en trois compartiments ; celui au milieu en deux registres, présente dans le haut, sous un ornement chêne sculpté ajouré de style ogivale, le calvaire ; au centre le Christ, à sa droite le bon larron et un ange recueillant son âme, à sa gauche le mauvais larron dont l'âme est emportée par un démon ; au bas de la croix, la Vierge debout, les mains jointes et saint Jean tenant une palme et une boîte à parfums. Au-dessous une Pieta, le Christ mort est déposé sur les genoux de la Vierge qui joint les mains. De chaque côté debout est une sainte femme, au-dessous sur l'encadrement de bois est écrit en caractères gothiques :

Lamentatum hic Marie

Le compartiment à gauche présente la flagellation, sous un couvre-chef saillant sculpté, albâtre ajouré et doré, le Christ attaché à la colonne, insulté et frappé par quatre bourreaux, au-dessous est écrit :

Flagellatus est

Le compartiment à droite, la mise au tombeau ; le Christ mort est déposé dans le tombeau de pierre par Joseph d'Arimathie aidé de Simon, en présence de la Vierge et de sainte Marie-Madeleine qui essuie les plaies de N.-S. avec ses cheveux, près d'elle une boîte à parfums et deux saintes femmes.

Le volet de droite, divisé en deux compartiments, présente à son extrémité un saint évêque assis tenant la crosse de la main gauche et un long titulus de la main droite qu'il présente à un moine agenouillé. Le deuxième compartiment présente la résurrection de N.-S. Le Christ debout est sorti du tombeau, il tient une croix et de la main droite levée, il bénit. Un soldat endormi est couché à terre, deux autres soldats sont assis sur les extrémités du tombeau, un quatrième soldat s'appuie sur sa hallebarde, au-dessous est écrit : *Resurrexit D..........*

Le volet de gauche présente, à son extrémité, un saint évêque assis les mains jointes, la crosse retenue par le bras droit assisté de chaque côté d'un évêque portant la crosse et coiffés de la mitre, au bas inscription illisible.

Le deuxième compartiment présente Jésus livré aux soldats par Judas, Malchus est terrassé, saint Pierre tire son épée, au-dessous est écrit : *Captus est J.H.C.*

Toutes ces scènes sont de haut-relief d'albâtre colorié et doré sous des couvre-chefs ajourés et dorés.

Ce beau et intéressant retable provient de l'ancienne abbaye de Cluny, le revers à gauche présente une peinture, la crucifixion, le revers à droite présente saint Sébastien percé de flèches.

H. 0^{m}82, l. ouvert 2^{m}40.

1013. — La tête de saint Jean-Baptiste, bas-relief albâtre, travail italien, fin XIVe siècle.

La tête de saint Jean repose dans un plat présenté par deux anges, au-dessus une gloire de trois anges, le bas présente une muraille crénelée, ce bas-relief est recouvert de peintures de l'époque.

H. 0^{m}35, l. 0^{m}15.

1014. — Le Christ en croix, travail français, XVe siècle.

Bas-relief en pierre, de chaque côté de la croix, la vierge les mains croisées sur la poitrine, et saint Jean tenant un livre.

H. 0m45.

1015. — Pieta, pierre sculptée, travail français, XVIe siècle.

Le Christ mort est placé sur les genoux de sa mère, à gauche saint Nicolas, évêque, à droite Joseph d'Arimathie. Les mains de la vierge manquent.

H. 0m27.

1016. — Groupe marbre, travail français, XVIe siècle.

Deux enfants entièrement nus, assis à terre jouent.

H. 0m17.

1017. — Buste de faune, marbre, travail italien, XVIe siècle.

La tête de ce faune est en marbre blanc ajustée sur un buste de marbre gris, porte sur les épaules une dépouille de chèvre.

H. 0m40.

1018. — Trois bas-reliefs, albâtre, travail italien, XVIe siècle.

L'un présente l'annonciation de la sainte Vierge, il porte sous la plinthe un monogramme CM.N.

Le 2e L'annonciation, à droite la sainte Vierge est agenouillée devant un prie-Dieu, à gauche l'ange Gabriel debout tenant un sceptre, vêtu d'une longue robe, le bras droit élevé.

Le 3e présente l'échelle de Jacob, allégorie de la prière, porte un monogramme T.T.

Ces bas-reliefs ont leur cadre de l'époque ornés de dessins en relief en pâte dorée.

1019. — Enée confie son fils à Créüse, travail florentin du XVIe siècle.

Ce groupe d'albâtre de Florence en haut-relief d'un beau travail est très mutilé, deux têtes manquent ainsi qu'un bras à Enée.

H. 0m20.

1020. — Hercule, statuette albâtre, travail italien, XVIe siècle.

Entièrement nu, de la main droite il tient une massue, de la main gauche une draperie tombant par derrière, une inscription en caractères grecs, sur le tertre, posé sur un socle bronze doré sur lequel est fixée une miniature sur ivoire, Frédéric de Prusse dans un cadre orné de petits jargons.

H. 0m20.

1021. — Petit buste d'homme albâtre, XVIe siècle.

Ce petit buste est drapé à la manière antique.

H. 0m10.

1022. — Tête d'homme, haut-relief, travail français, XVIe siècle.

Cette tête, fragment d'un groupe sculpté en albâtre statuaire, est attribuée à Sambin.

1023. — Buste d'enfant, marbre blanc, travail français, XVIe siècle.

Sur l'épaule gauche, une draperie, ce buste est posé sur un piédouche, marbre rouge royal.
H. 0m23.

1024. — Deux bustes d'empereurs romains, albâtre, travail italien, XVIe siècle.
H. 0m38.

1025. — Guerrier nu antique, serpentine italienne, XVIIe siècle.

Sur le socle de cette statuette est un lion sculpté en bas-relief.
H. 0m37.

1026. — Groupe de trois saints en jais, travail espagnol, XVIe siècle.

Au centre Saint Jacques de Compostel en costume de pèlerin, à ses côtés deux saints en jayet rebaussé d'or sur un ancien socle de marqueterie de Boule en mauvais état de conservation.

1027. — Saint Jacques de Compostel, travail espagnol du XVIe siècle.

Cette statuette est en jais, debout, chapeau orné de coquilles, vêtu d'une longue tunique et d'un ample manteau, il tient un long bâton auquel pend une aumônière, de la main gauche il tient une pierre (Le haut du bâton est brisé, il y a aussi quelques ébréchures au chapeau et au manteau).

Socle bois peint, haut. de la statuette, 0m31.

1028. — L'Amour découvre Vénus, bas-relief, travail suisse, XVIIIe siècle.

Petit bas-relief d'albâtre sous verre. L'Amour, un bandeau sur les yeux, découvre Vénus, tandis que derrière un satyre regarde. — Signé Hœrr Sc. Fribourg. Br.
H. 0m07, l. 0m15.

1029. — Cicéron, tête haut-relief d'albâtre, XVIIIe siècle.

Dans un cadre bois doré.

1030. — Suffren, médaillon marbre, travail italien, XVIIIe siècle.

Dans un cadre à large moulure de marbre bleu turquin, le médaillon en ovale de Suffren. — Signé Staggi.
H. 0m48, l. 0m40.

1031. — Deux saisons, statuettes albâtre blanc, travail italien, XVIIIe siècle.

Le printemps est représenté par une jeune femme nue, tenant une corbeille de fleurs. —

L'automne, statuette albâtre, pendant de la précédente, figure d'homme nu, tenant des fruits, melons, raisins, etc.

H. 0ᵐ25.

1032. — Tête de vieillard, bas-relief marbre, XVIIIᵉ siècle.

Il porte toute sa barbe.

1033. — Tête d'homme, bas-relief marbre, XVIIIᵉ siècle.

Pendant du précédent, cadre bois doré.

1034. — Le chancelier Duprat, buste marbre, travail français, XVIIᵉ siècle.

Le nez et le col sont ébréchés.

H. 0ᵐ24.

1035. — Chef-d'œuvre de tour, travail italien, XVIIIᵉ siècle.

Six vases en serpentine de Florence sont ajustés les uns dans les autres avec la plus grande précision.

1036. — Deux statuettes, pierres stéatites, travail chinois.

La plus grande de ces statuettes présente de la main droite un sabot.

1037. — L'amour Grec, buste marbre blanc copie d'après l'antique.

Réduction très petite, h. 0ᵐ10.

1038. — Tête de femme, bas-relief marbre, XVIIIᵉ siècle.

Dans un cadre bois doré moulure unie.

1039. — Petit buste marbre antique.

Fragment de statuette égyptienne.

TERRES CUITES

BORNIER, sculpteur dijonnais.

1040. — Enfant jouant avec un dauphin, terre cuite (tête d'enfant recollée).

H. 0ᵐ19.

BREUIL, sculpteur dijonnais.

1041. — Médaillon plâtre.

Courtépée, historien bourguignon, cadre bois sculpté.

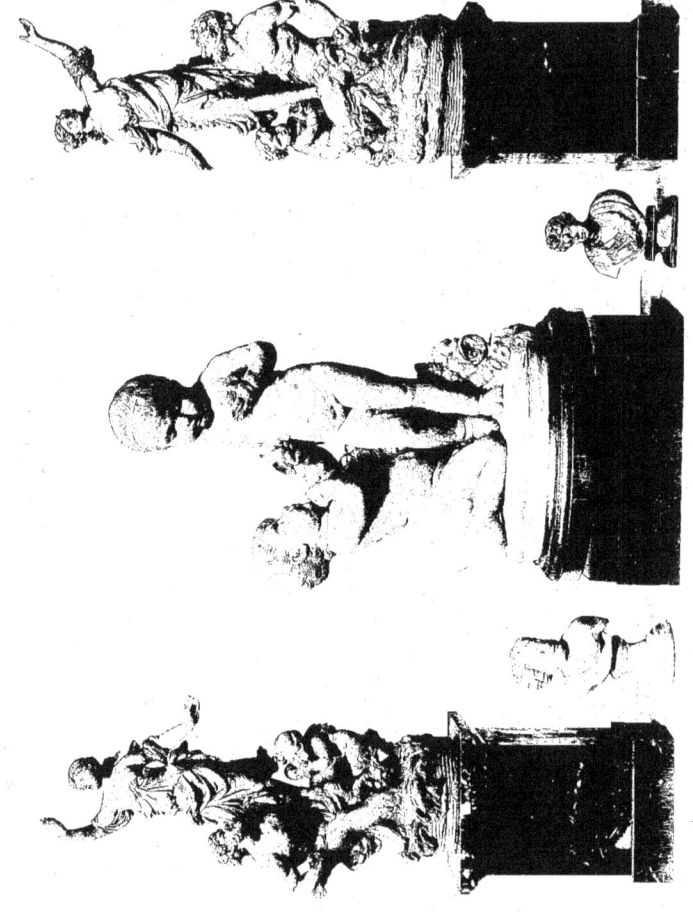

N° 1042   N° 1058. — LECOMTE. *1791.*   N° 1042

CLODION.

1042. — Deux groupes terre cuite.

Ces deux groupes sont composés chacun de trois figures : une nymphe debout, élevée sur la jambe droite d'un satyre qui la soutient de la main droite, et d'un amour, le second groupe fait pendant et il est composé des mêmes personnages. (Ont souffert quelques mutilations).

H. 0^{m}40, l. 0^{m}21.

CLODION (attribué à).

1043. — Groupe de deux amours, terre cuite, XVIIIe siècle.

L'un de ces amours est assis, l'autre s'envole (le bras droit et les ailes manquent).

DARBOIS (Pierre-Paul), né 1785 † 1861.

1044. — Jeune berger à demi couché caressant un chien (signé sur la terrasse Darbois), statuette terre cuite.

H. 0^{m}17.

FRAGONARD (attribué à).

1045. — Bas-relief cire.

Echange de serments d'hymen devant l'autel de l'amour.

DELAVILLE, sculpteur, XIXe siècle.

1046. — Saint Vincent de Paul.

Debout vêtu de la soutane, il vient de recueillir un enfant, à côté sur une pierre un autre enfant est couché, signé sur le socle Delaville F. Lens, 1817.

H. 0^{m}46.

DUBOIS.

1047. — La vierge et l'enfant Jésus.

Amplement drapée, la vierge presse de la main gauche son divin fils contre elle, la main droite à demi fermée destinée à recevoir un sceptre.

H. 0^{m}33.

1048. — Saint Bernard prêchant.

Il porte la robe, surplis et manteau, debout dans l'attitude de prédication.

H. 0^{m}39.

1049. — Médaillon bas-relief.

Portrait de femme dont le cadre est soutenu par deux amours tenant une draperie, au-dessus un écusson sommé d'une couronne de comte.

1050. — Saint Jean évangéliste, par Dubois.

Debout à demi couvert d'une draperie descendant à ses pieds, au côté gauche, un aigle symbole caractéristique de ce saint.

1051. — Un saint agenouillé, statuette terre cuite.

Ce saint en génuflexion est à demi couvert d'une draperie, il élève ses regards vers le ciel.

H. 0m27.

1052. — Deux anges adorateurs, terre cuite, attribués à Dubois.

L'un de ces anges est agenouillé sur des nuages, l'autre est debout (mutilés tous les deux).

1053. — La vierge, statuette terre cuite, travail français, XVIIe siècle.

Debout la robe montante, serrée sous les seins, sur la tête un long voile retombant derrière (manquent les mains), attribué à Dubois.

LARMIER, Pierre-Philibert, né à Dijon en 1752 † 1807.

1054. — Projet de tombeau pour Mme Léjéas.

Un génie ailé pleure appuyé sur un mausolée au centre duquel est un médaillon, une guirlande de roses brisée est aux pieds du génie, les deux côtés portent une urne, signé à gauche à la pointe Lermier, terre cuite.

1055. — Vestale entretenant le feu sacré (école française, XVIIIe siècle).

Devant un autel triangulaire, une Vestale la tête couverte d'un long voile, sur la poitrine, le peplum, à ses pieds un vase à parfums et devant un enfant portant un plateau.

H. 0m24.

1056. — Les arts et les sciences, bas-relief terre cuite par Larue.

Les arts et les sciences sont figurés par sept enfants nus occupés de divers travaux, au centre est un autel sur lequel sont déposés divers objets, on y lit la date de 1789.

1057. — Médaillon terre cuite Canova, travail français, époque de l'empire.

Ce médaillon est signé Lavy, 1806.

LECOMTE, sculpteur, élève de FALCONNET et de MASSÉ, né en 1737 † 1817.

1058. — L'enfant qui pleure son oiseau (terre cuite).

Groupe de deux enfants, l'un debout appuyé contre un tronc d'arbre d'où descend une guirlande de roses, tient un nid, l'autre agenouillé présente un petit oiseau, signé sur le socle. Lecomte i et f 1791, — très jolie pièce intacte citée dans la biographie de cet artiste (Dictionnaire des artistes, au XVIIIe siècle).

H. 0m44.

MARLET, sculpteur dijonnais.

1059. — La chevalière d'Eon, travail français, XVIIIᵉ siècle.
Médaillon terre cuite.

MOREAU père, sculpteur dijonnais.

1060. — Cinq petits médaillons.
Le 1ᵉʳ présente la visite au tombeau.
Le 2ᵉ présente la prière.
Le 3ᵉ présente la chasse au lion.
Le 4ᵉ présente enfants et chèvre.
Le 5ᵉ présente les lutteurs.
Ces cinq médaillons renfermés dans un cadre bois noir.

1061. — Antigone et Œdipe.
Groupe de trois figures, terre cuite. H. 0ᵐ35.

MOREAU père, sculpteur dijonnais.

1062. — La vendange (allégorie), terre cuite.
Bacchus nu, appuyé contre un tronc d'arbre, foule du pied gauche les fruits de la vigne, à son côté une bacchante tient une coupe. H. 0ᵐ17.

1063. — Pomone, statuette, terre cuite.
Elle est accroupie couverte d'une longue robe, la tête couronnée de fruits, elle présente une corbeille remplie de fruits. H. 0ᵐ21.

1064. — La charité romaine? groupe d'un vieillard et de sa fille. H. 0ᵐ22.

RAMEY père, école française, XVIIIᵉ siècle.

1065. — Fronton, terre cuite.
L'hymen, sur l'autel de l'amour deux jeunes fiancés échangent leurs serments. H. 0ᵐ15, l. 0ᵐ35.

1066. — Le serment des guerriers, bas-relief, terre cuite.

TROY, sculpteur, école française.

1067. — Buste d'homme, médaillon terre cuite, signé sous le bras, Troy fecit 1814.

ÉCOLE FRANÇAISE, XVIIIᵉ siècle.

1068. — Saint Charles Borromée en prédication.
Il est debout, porte le surplis et le camail les bras étendus en attitude de prédication.

1069. — La force, ébauche terre, XVIIIᵉ siècle.

1070. — Henri IV et Louis XVI, groupe terre cuite.
Henri IV, tenant la main droite de Louis XVI, montre le ciel, à son côté un fût de colonne brisé, étendards, casque et corne d'abondance renversés à terre, en face Louis XVI portant le manteau royal, son sceptre posé à terre.
H. 0ᵐ25.

1071. — Jeune femme drapée, esquisse terre.
De la main gauche elle retient un voile (bras droit manque).
H. 0ᵐ23.

1072. — Terme surmonté d'une tête de satyre, terre non cuite.
H. 0ᵐ27

1073. — Saint François Xavier, travail français, XVIIIᵉ siècle.
Il porte le surplis et l'étole, il lève un bras et semble prêcher.
H. 0ᵐ26.

1074. — Bas-relief terre cuite, travail français, XVIIIᵉ siècle.
Un ange à demi-nu debout contre un motif d'architecture, le bras droit élevé et de la main gauche il retient une draperie.
H. 0ᵐ32.

1075. — Fronton demi-circulaire terre cuite, XVIIIᵉ siècle.
Une Renommée tenant une couronne.
H. 0ᵐ14, l. 0ᵐ30.

1076. — Vénus statuette, terre cuite, école française, XVIIIᵉ siècle.
Elle est debout appuyée contre un tronc d'arbre relevant de la main gauche une draperie, à ses pieds Cupidon assis (manque un bras).
H. 0ᵐ30.

1077. — Sujet tiré de l'Iliade, bas-relief terre cuite, travail français XVIIIᵉ siècle (ébauche).
H. 0ᵐ20, l. 0ᵐ30.

1078. — Joseph explique les songes.
Bas-relief terre cuite, travail français, XVIII° siècle (ébauche).
H. 0m20, l. 0m30.

1079. — Joseph vendu par ses frères.
Bas-relief terre cuite. Esquisse, travail français, XVIII° siècle.
H. 0m20, l. 0m30.

1080. — La justice, statuette terre cuite, XVIII° siècle.
Elle tient une balance (la main droite manque).
H. 0m24.

1081. — La charité (groupe terre cuite), XVIII° siècle.
(Il manque une main), esquisse.
H. 0m25.

1082. — L'abondance, statuette terre cuite, ébauche école française, XVIII° siècle.
Elle est debout tenant une corne d'abondance, de la main gauche elle relève sa robe.
H. 0m25.

1083. — Vénus conduit un char traîné par deux cygnes, l'amour les précède dans les airs tenant un flambeau.
Bas-relief ovale terre cuite, XVIII° siècle.
H. 0m25, l. 0m33.

1084. — Saint Georges, plâtre décoré or et couleurs, moulage de la statuette du retable du musée de Dijon.

1085. — Saint Bénigne, plâtre décoré or et couleurs, moulage de la statuette de la collection de la commission départementale des antiquités de la Côte-d'Or.

1086. — Plaquette cire.
Minerve couronnant Vulcain, au-dessus est écrit : *Artibus que ita gloria*.

1087. — Marie Leckzinska, grand médaillon cire rouge.
Deux génies présentent les écussons de France et de Navarre. La reine est assise sur un trône richement ornementé de draperies.

1088. — Sous ce numéro seront vendus les objets de cette nature qui auraient été omis au catalogue.

CÉRAMIQUE

PORCELAINES, GRÈS ET FAÏENCES

1089. — Canette grès blanc, travail allemand, XVIᵉ siècle.

> Elle est divisée verticalement en trois compartiments, présentant chacun un guerrier, le premier à gauche porte la cuirasse antique couvert d'un petit manteau, il tient son épée appuyée sur l'épaule, autour de la tête un titulus portant une inscription EUPFEDER. 1567, au bas des signes du zodiaque. Les poissons, le sagitaire, le scorpion et le bélier ; les deux autres compartiments présentent le Dieu Mars avec une armure richement ornementée (Une petite fêlure en bas).
>
> H. 0ᵐ25.

1090. — Grande chope, faïence de Perse.

> Munie d'une anse plate de toute la hauteur, décorée de bouquets de fleurs sur fond jaune rose, dans le haut et le bas une bordure en rinceaux bleu. Ce vase est fêlé.

1091. — Cassolette, porcelaine chinoise, monture bronze doré ciselé, travail français, XVIIIᵉ siècle.

> La coupe formant cette cassolette est munie au pied et au bord supérieur d'un cercle mouluré de bronze doré, le couvercle percé de quatre trous ronds cerciés porte au-dessus une pomme de pin, la porcelaine est couleur chocolat tout unie.

1092. — Plaque de poêle, terre cuite allemande, XVIᵉ siècle.

> Au centre sous un portique, supporté par deux cariatides, Saint Mathias nimbé tenant une hallebarde ; au-dessus de chaque côté un ange supporte le fronton.

1093. — Plaque de poêle, faïence allemande, XVIᵉ siècle.

> Présentant en relief, dans une arcade soutenue par deux colonnes corinthiennes cannelées, la Charité. Aux angles des enfants jouant du cor. Autour du cintre inférieur on lit Ocliept, 1561, terre cuite émaillée en couleurs.

1094. — Aiguière, faïence Rouen, XVIIIᵉ siècle.

> Forme casque, décor lambrequins riche d'ornements, bleu sur fond blanc, anse contournée.
>
> H. 0ᵐ25.

1095. — Pot à eau, faïence de Rouen, XVIIIᵉ siècle.

> Ce pot à eau est à couvercle muni d'une charnière en étain, décor bleu à lambrequins.

1096. — Aiguière, faïence de Marseille, XVIIIᵉ siècle.

> En forme d'orfèvrerie, décor polychrome rehaussé d'or. Sur la panse en face une jeune femme assise, à ses pieds un jeune seigneur, fond de paysage encadré d'un ornement

rocaillé d'or, supportant une corbeille de fleurs, de chaque côté un petit paysage, sur le pied festonné en relief, une bordure dorée et un semis d'insectes. Le couvercle en forme de coquilles en reliefs, le bord festonné, décor rose et or, sur l'anse des filets dorés (une fêlure).

H. 0^m27.

1097. — Pot à eau ou broc, faïence polychrome anglaise XVIIIe siècle.

Ce pot à eau présente en relief une tête de faune ornée de raisins, l'anse présente un buveur tenant une bouteille, le bec de ce vase est terminé par un mascaron, le pied orné de feuilles, faïence de Turner?

1098. — Pot à surprise, faïence italienne, XVIIe siècle.

Le haut de la panse est à dessins ajourés, décor bleu, la panse est ornée de fleurs et de feuilles camaïeu bleu.

1099. — Grand porte-montre en faïence blanche, XVIIIe siècle.

Présente en haut relief une divinité des eaux couchée, s'appuyant sur une urne d'où l'eau s'écoule, et des amours (quelques ébrèches et une tête d'amour recollée).

1100. — Plateau, faïence de Moustiers, XVIIIe siècle.

Sur le bord, un dessin dentelle au centre une rosace bleu sur émail blanc.

Diam. 0^m25.

1101. — Deux porte-perruques, faïence de Nevers, XVIIIe siècle.

Boule sur piédouche, décor fleurs, camaïeu bleu.

1102. — Grand plat de Nevers, faïence, XVIIIe siècle.

Au centre une rosace, le bord décoré d'un ornement se répétant.

Diam. 0^m42.

1103. — Presse-papier, faïence Delft, XVIIIe siècle.

Sur un pied carré orné de coquilles en reliefs s'élève un cippe carré sur lequel est accroupi un bouc, décor bleu.

1104. — Plaque, faïence Strasbourg, XVIIe siècle.

Quadrangulaire émail blanc, décor monochrome violet manganèse, présente des fleurs et des animaux au repos.

1105. — Console d'applique, faïence de Strasbourg, XVIIIe siècle.

Au milieu de la gaine un masque de faune à barbe de bouc, terminé en haut et en bas par une coquille, décor polychrome (au bas une restauration).

1106. — Coupe à bords dentelés, faïence genre Palissy de Pull.

Au centre une rosace de feuillage autour de laquelle sont rangés symétriquement six mascarons coiffés de fleurs et d'une draperie nouée aux oreilles, émaux vifs de couleurs sur fond crème, revers jaspé bleu et brun (Une fêlure).

Diam. 0^m32.

1107. — Plat long, faïence Strasbourg? XVIIIe siècle.
Ce plat est à dessins en reliefs rocaille polychrome (a une anse brisée).

1108. — Plat à poisson, faïence d'Avignon, XVIIIe siècle.
Ce plat creux de la forme d'une carpe est de terre rouge émaillée brun.

1109. — Plat oblong, faïence de Nevers, XVIIe siècle.
Au centre une corbeille posée sur un lambrequin d'où sortent des branches et des feuilles en bleu sur émail blanc.

1110. — Plat ovale, faïence Strasbourg, XVIIIe siècle.
Décor bouquets de fleurs polychromes.

1111. — Plaque, faïence de Delft, XVIIIe siècle.
Cette plaque portant son cadre présente, au milieu, une habitation, des personnages dans un paysage, décor bleu (aucune marque dessous).

1112. — Plaque faïence Delft, XVIIIe siècle.
Dans son cadre à moulure décor de feuilles, présente au milieu une haie avec des arbustes et des oiseaux genre chinois.

1113. — Plaque oblongue, faïence Delft, XVIIIe siècle.
Encadrement de série de feuilles, présente au centre une haie, un grand arbuste avec des fleurs et un oiseau à longues plumes (aucune marque).

1114. — Deux assiettes, faïence de Delft, XVIIIe siècle.
Décor polychrome, genre japonais.

1115. — Deux beurriers, faïence de Delft, XVIIIe siècle.
Ces deux beurriers sont formés chacun d'un bœuf accroupi, décor camaïeu bleu, bouquets de fleurs sur fond blanc, terrasses vertes, quelques ébréchures aux cornes des deux bœufs et une tête recollée.

1116. — Porte-montre, faïence Delft, XVIIIe siècle.
De forme contournée rocaille, les pieds de devant terminés en tête de dragons sur le socle dans un cartouche on voit un paysage, au-dessus l'ouverture pour recevoir une montre; de chaque côté un amour ailé, au sommet un enfant assis tenant un oiseau, décor bleu, jaune et violet, au-dessus la marque peinte en bleu de la veuve Vander Briel (manque un bras à l'un des amours).

1117. — Deux assiettes plates, faïence blanche, XVIIIe siècle.
Le marli de ces deux pièces est décoré de dessins en reliefs fleurs et feuilles.

1118. — Une saucière à deux anses faïence, XVIII° siècle.
Forme barque, décor bleu et vert.

1119. — Deux salières, faïence polychrome de Dijon, XVIII° siècle.
Décor fleurs et feuilles en bleu et jaune.

1120. — Médaillon rond, faïence italienne, XVII° siècle.
Sur fond bleu un buste de vieillard, autour est écrit LIO. RO. MERQ, faïence polychrome, bas-relief.
Diam. 0^{m}29.

1121. — Vase faïence blanche, Tournay? XVIII° siècle.
Ce vase est orné de têtes de béliers et de pampres en reliefs, le couvercle n'est pas celui du vase.

1122. — Soupière, faïence de Saint-Clément, XVIII° siècle.
Forme d'orfèvrerie, décor fleurs et feuilles, camaïeu vert, rehauts noir, filets dorés.

1123. — Aiguière et cuvette, faïence allemande, XVIII° siècle.
Cette aiguière en forme d'orfèvrerie est d'argile blanche émaillée, décor de fines guirlandes bleues, la cuvette est ornée aux deux extrémités, sur le bord, d'une rosace ajourée, ces deux pièces portent la marque W qui est de Wesphalie.

1124. — Chien assis, porcelaine chine, XVI° siècle.
Ce chien est de porcelaine blanche de chine, les oreilles, le collier, les pattes et la terrasse sont dorés à la feuille et vernis.
H. 0^{m}32.

1125. — Deux plats à barbe, ancienne porcelaine du Japon (aux trois couleurs Imari).

1126. — Un plat à barbe, ancienne porcelaine du Japon.
Décor en trois couleurs fleurs, feuilles, etc.

1127. — La Charité, groupe, faïence anglaise, XVIII° siècle.
Ce groupe est composé d'une femme debout, tenant un enfant sur un bras et un autre à la main, décor polychrome (tête recollée).
H. 0^{m}22.

1128. — Statuette, faïence anglaise de Turner?
Jeune fille debout tenant une urne posée sur un fût, décor polychrome (sans marque).

1129. — La danse, groupe porcelaine de Saxe.
Composé de deux danseurs une jeune femme richement costumée et un jeune seigneur, terrasse rocaille dorée, décor polychrome.
H. 0m16.

1130. — Groupe d'enfants porcelaine de Mennecy-Villeroy, XVIII° siècle.
Le petit garçon s'est emparé du chapeau de la jeune fille, offre de le lui rendre en échange du bouquet qu'elle tient à la main, décor polychrome, marqué sous le socle dans la pâte D.V.
H. 0m20.

1131. — L'été et l'hiver, statuettes porcelaine de Mennecy-Villeroy.
H. 0m12.

1132. — Deux statuettes porcelaine allemande.
Jardinier et jardinière tenant un arrosoir, porcelaine polychrome (marque dans la pâte 2 flèches croisées et un m).

1133. — Deux petits bustes l'Europe et l'Asie, sur un socle porcelaine polychrome, au-dessous la marque de Berlin.

1134. — Tasse et soucoupe porcelaine de Sèvres.
Décor fond bleu avec médaillon, la belle Ferronnière, encadrée d'un ruban d'or, au-dessous marqué à la vignette rouge M. impérial de Sèvres 1809, et au pinceau en vert 25 oct. au bas en lettres dorées. La belle Ferronnière, maîtresse de François Ier d'après Léonard de Vinci, par Victoire Jacquotot, 1809, la soucoupe porte dessous M. imp. de Sèvres, 1809, et à côté 25 oct. en vert.

1135. — Tasse à café porcelaine de Sèvres, XVIII° siècle.
Le décor est divisé en arcades présentant chacune un vase ou une coupe de fleurs décor camaïeu bleu sur fond blanc, le bord supérieur quadrillé or sur fond bleu, dessous la marque de Sèvres en or.

1136. — Une plaque rectangulaire décor oiseaux et fleurs polychrome, porcelaine pâte tendre de Sèvres, XVIII° siècle.

1137. — Trois médaillons porcelaine de Sèvres, XVIII° siècle.
Présentant, Marie-Antoinette, Louis XVI, J.-J. Rousseau biscuit de Sèvres, cadres émaillés blanc, filets dorés, marqués dessous de la marque de Sèvres au-dessous d'un X.

BOUCHARD, sculpteur à Sèvres, XVIII° siècle.

1138.
Henri IV, roi de France.
Médaillon en biscuit de Sèvres, pâte tendre, signé sous l'épaule Bouchard.

Sully, ministre de Henri IV.
Pendant du précédent, également signé.

1139. — Fond de boîte porcelaine Saxe, XVIIIe siècle.
Décorée de chaque côté de paysages et personnages en couleurs à rehauts d'or.

1140. — Tasse à thé porcelaine Saxe, XVIIIe siècle.
Cette tasse à couvercle en forme d'orfèvrerie est décorée de guirlandes de fleurs sur le couvercle et la tasse d'une lettre J. de fleurs couronnée de roses, dessous au pinceau, en bleu, la marque de Saxe.

1141. — Pot au lait, genre Saxe.
Décor bouquets de fleurs couleurs.

1142. — Tasse et soucoupe, porcelaine de Saxe.
Décor fleurs et sujets Watteau sur fond bleu.

1143. — Tasse et soucoupe, genre Sèvres.
Décor de fleurs de lys, émail blanc et d'un médaillon portrait.

1144. — Tasse à thé, porcelaine de Chine à décor polychrome mandarins.

1145. — Coupe porcelaine blanc de Chine ancien.
Ce vase est orné de branches de feuilles et fleurs de pêcher en relief.

1146. — Deux plaques porcelaine rectangulaire, décor peintures d'après Girodet.
L'une présente Hélène, Hector et Paris, la deuxième présente Énée et Didon.
H. 0m13, l. 0m19.

1147. — Sous ce numéro seront vendus les objets de ce genre qui auraient été omis au catalogue.

OBJETS EN VERRE ET CRISTAL

1148. — Chandelier, verre de Bohême.
La tige à facettes, le pied à huit pans (une fêlure au pied).

1149. — Grand verre gravé de Bohême.

1150. — Grand verre bas et large gravé, présente sur la face une armoirie allemande.

1151. — Un flacon, verre de Bohême, XVIIIᵉ siècle.

Ce flacon en forme de gourde est orné de bandes saillantes, travaillées à la pince.

1152. — Lustre en verre de Venise et pendeloques en cristal.

BRODERIES ET ÉTOFFES

1153. — Broderie, travail italien, XVIᵉ siècle.

Bande d'étoffe, application de broderies soutachées, guipures soie et fil.

1154. — Broderie, travail italien, XVIᵉ siècle.

Sur drap rouge à dessins genre guipure de Venise au point en rose.

1155. — Devant d'autel, travail italien, XVIIᵉ siècle.

Broderie en verroterie de Venise, présentant les cœurs de Jésus et de Marie sur fond serge de laine violette.

1156. — Voile de reliquaire, travail français, XVIIᵉ siècle.

Broderie sur soie présentant deux anges adorateurs sur des nuages en paillon, au bas une bande de pampres brodés et cannetillés, argent et cuivre.

1157. — Broderie, travail français, XVIIᵉ siècle.

Applique présentant les armoiries d'un évêque, brodée or et soie sur fond de couleur.

1158. — Ceinture, travail oriental, XVIIᵉ siècle.

C'est une ceinture de pèlerin visitant les lieux saints, sa longueur est celle du Saint Sépulcre. Elle porte une inscription : *Longitudo. Sanctissimi Sepulchri. D. N. I. N. R. I. Jesus Cristi*; au milieu, les armoiries de Jérusalem, tissée en soie cramoisie et jaune.

1159. — Broderie, travail français, fin XVIIIᵉ siècle.

Ridicule ou petit sac soie blanche, brodée fleurs et rinceaux de couleur.

1160. — Boîte à corporaux velours brodé, XVIᵉ siècle.

Le dessus présente au centre une peinture en émail ecce homo, fixée sur fond de velours rouge brodé en relief or et soie, fleurs de lys, colonnes et arabesques.

L. 0^{m}26, l. 0^{m}25.

1161. — Bourse, travail français, fin XVIIIᵉ siècle.

Cette bourse portefeuille est brodée fleurs et feuilles en grains de verre de Venise.

1162. — Broderie, travail français, XVIIIᵉ siècle.
Bourse à jetons velours bleu clair, sur le tour un rang de fleurs de lys, dessous deux armoiries accolées.

1163. — Bourse à jetons velours soie verte brodée argent, semis de fleurs de lys, XVIIIᵉ siècle.

1164. — Bourse à jetons velours soie verte brodée argent semis de fleurs de lys, XVIIIᵉ siècle.

1165. — Bourse, velours rouge, la panse brodée argent fin doré, d'un rang de fleurs de lys, au-dessous les armes de la ville de Dijon, XVIIIᵉ siècle.

1166. — Bourse tricotée divisée en zones de soies de couleurs et d'argent.

1167. — Ruban soie jaune imprimé en lettres à grotesques pour broderies.

1168. — Velours de Gênes, travail italien, XVIIIᵉ siècle.
Fragment d'un grand gilet brodé or et argent, fleurs, feuilles et ornements.

1169. — Fragment d'une robe de satin soie violet brodé en dentelle soie et passementé de paillettes, XVIIIᵉ siècle.

1170. — La bergère surprise.
Sur un accident de terrain, dans une pose gracieuse, une jeune bergère tenant de la main droite une houlette, s'appuyant sur le bras gauche est endormie, tout près à côté caché dans un massif d'arbustes un jeune seigneur la regarde, travail français, XVIIIᵉ siècle.

1171. — Sous ce numéro seront vendus les objets omis au catalogue.

MINIATURES

1172. — Portrait d'homme fin XVIIIᵉ siècle, école française.
Coiffé d'un grand chapeau à cornes à cocarde tricolore, cravate blanche, habit à larges revers rouges, peint sur ivoire dans un médaillon cuivre doré.

ÉCOLE FRANÇAISE, XVIIᵉ siècle.

1173. — Portrait de jeune homme en buste, tête nue, col rabattu, justaucorps vert brodé.
Miniature cuivre ovale.

H. 0ᵐ095, l. 0ᵐ070.

1174. — La Sainte famille, miniature, école italienne du XVIII° siècle.

La Vierge tient l'enfant Jésus nu, couché étendu sur une draperie verte, saint Joseph lui présente une branche chargée de cerises, peint sur le couvercle d'une boîte en écaille.

1175. — Portrait de jeune fille, miniature sur ivoire, école française, fin du XVIII° siècle.

En buste dans un petit cadre en or.

1176. — Portrait d'homme, école française, fin XVIII° siècle.

Tête nue, habit et gilet à larges revers sur ivoire, cadre cuivre doré.

1177. — Portrait de la princesse Pochia, école française, XVIII° siècle.

A mi-corps dans un costume bizarre, elle tient une rose, miniature sur ivoire, encadrée dans un médaillon cuivre doré.

1178. — La muse de la musique, école française, XVIII° siècle.

Peinte sur vélin, dans un médaillon bronze doré.

1179. — Portrait présumé de Mlle de Fontanges, XVII° siècle.

Miniature à l'huile sur cuivre, école française. En buste, vue de trois quarts, tournée à gauche, les cheveux bouclés retombant sur les épaules, la gorge à demi nue, robe bleue ornée de dentelle et de bijoux, un collier de perles autour du cou, parure de perles dans les cheveux. Dans l'écrin serré à droite se trouve une série de dix-neuf costumes ou coiffures différentes, peintes sur des feuilles de talc, s'adaptant à ce portrait, le présentant sous des aspects très différents.

1180. — Portrait d'homme, école française, XVII° siècle.

La tête nue, chauve, col rabattu sur le vêtement noir, miniature à l'huile sur cuivre dans un écrin ovale chagrin noir.

H. 0^{m}09, l. 0^{m}06.

1181. — Portrait de François de Montgaillard, évêque de Saint-Pons.

Miniature sur vélin, cadre bois sculpté doré.

1182. — Portrait de Swebach.

Peint par lui-même, miniature à l'huile sur bois.

J.J. FERTY, école française, XVIII° siècle.

1183. — Portrait de femme, miniature sur ivoire, signé a gauche J.J. Ferty, la date an VII, à droite.

1184. — Gouache sur vélin, école française, XVIII° siècle.

Vue intérieure d'une prison.

1185. — Portrait de femme, école française, XVIIe siècle.
Miniature à l'huile sur cuivre forme ovale, cadre ancien bois sculpté doré.

1186. — Portrait de jeune femme, école française, XVIIe siècle.
En costume de l'époque de Louis XIII, peinte à l'huile sur vélin, cadre bois doré.

1187. — Portrait d'homme, école française, XVIIe siècle.
Miniature sur cuivre, ovale.

1188. — Portrait de F. d'Estrées, maréchal de France, école française, XVIIe siècle.
Miniature à l'huile sur cuivre, petit cadre en argent.

1189. — Portrait de princesse, école française XVIIe siècle.
Miniature sur cuivre.

1190. — Portrait de jeune fille, école française, XVIIIe siècle.
Elle est couronnée de roses, peinture sur soie, forme ovale, cuivre doré.

1191. — Vue des bains de Saint-Gervais, école allemande, fin du XVIIIe siècle.
Peint sur vélin, signé à droite d'un nom illisible, cadre rectangulaire bronze ciselé doré.

1192. — Allégorie, école française, fin XVIIIe siècle.
Par l'amitié se fixe l'hymen, présentant deux lettres L.B., de fleurs et feuilles de roses, miniature ronde sur ivoire, signée à gauche d'un nom illisible.

1193. — Vase de fleurs, école française, XVIIIe siècle.
Miniature sur ivoire signée V., dans un médaillon rond cuivre doré.

1194. — Portrait d'Anne d'Autriche, école française, XVIIe siècle.
En costume de religieuse d'un ordre qu'elle a fondé, peint sur parchemin, cadre en argent.

1195. — Portrait de jeune homme, école française, XVIIIe siècle.
Miniature sur cuivre.

1196. — Portrait de Frédéric le Grand, roi de Prusse, école allemande, XVIIIe siècle.
Vu à mi-jambes, chapeau tricorne, habit boutonné, miniature sur ivoire, signée Konig.

1197. — Portrait de prince espagnol, XVIIe siècle.
Miniature à l'huile sur cuivre dans un cadre ancien, bois sculpté doré à fronton, nœud de ruban.

1198. — Portrait de jeune homme espagnol, pendant du précédent.

1199. — Portrait du duc d'Enghien, fils du grand Condé.
Miniature à l'huile sur plaque d'argent, cadre bronze doré.

1200. — Portrait de femme, école française, XVIIIᵉ siècle.
Miniature sur ivoire dans le goût de Klinstet.

1201. — Marine, école française, XVIIIᵉ siècle.
A gauche des ruines, sur la plage des marchands turcs, gouache sur vélin, signée à gauche Lallemand.

1202. — Marine, pendant du précédent.
A droite des ruines, sur la plage des pêcheurs, au loin des navires, signé au milieu Lallemand.

1203. — Portrait de Pascal, école française, XVIIᵉ siècle.
Miniature à l'huile sur cuivre, cadre bois sculpté doré.
H. 0ᵐ08.

1204. — Portrait de Bolbâtre, musicien bourguignon.
Miniature ronde sur ivoire, signée à droite sur le clavecin d'un nom illisible; cadre bois sculpté doré.

1205. — Portrait d'homme, Van Spandonck? école française, XVIIIᵉ siècle.
Miniature sur ivoire, cadre bois doré.

1206. — Portrait de G. Boichot, sculpteur.
Miniature à l'huile d'après l'original, par Laguiche.

ÉCOLE FRANÇAISE, XVIIᵉ siècle.

1207. — Portrait du duc de Bourgogne.
La tête nue, les cheveux bouclés retombant sur les épaules, il porte une armure, une écharpe blanche passée en sautoir; miniature à l'huile sur plaque d'écaille.

1208. — Portrait de la marquise de la Farre.
Gouache sur parchemin vernie et collée sur bois; ancien cadre, bois sculpté doré.
H. 0ᵐ28. l. 0ᵐ21.

1209. — Peinture gréco-russe.
Présentant les diverses scènes de la vie de Jésus; peinture sur bois.

GOUACHES, DESSINS ET GRAVURES SOUS VERRE

ECOLE FRANÇAISE, XIIIe siècle.

1210. — Page de manuscrit, présentant le Christ en croix, au-dessus de chaque côté un ange, au bas à droite la vierge, à gauche saint Jean.

Peinture sur parchemin sous verre.

ÉCOLE FRANÇAISE, XIVe siècle.

1211. — Le jour des Rameaux, l'entrée à Jérusalem.

1212. — Saint Denis, saint Sébastien, saint Martin.

Miniatures sur parchemin, encadrées sous verres, anciennes pages d'antiphonaires.

H. 0m14, l. 0m14.

ÉCOLE FRANÇAISE, XVe siècle.

1213. — Page de livre d'heures, présentant deux sujets.

1° La nativité de N. S. J.-C.
2° Au bas, l'annonciation aux bergers, sur parchemin.

BOUCHER (François), né en 1704 † 1770.

1214. — Vue des environs de Charenton (Gouache attribuée à).

Au premier plan sur le bord d'un cours d'eau, est couché un jeune pêcheur à la ligne, devant lui une jeune femme portant un enfant et un panier au bras gauche, tenant un petit garçon de la main droite, plus loin un pan de mur avec une ouverture près d'une grosse tour ou colombier ayant accès par une passerelle ; à gauche et au fond des arbres. Gravé par Le Bas de la dimension du tableau, mais cette gouache est de plus grande dimension.

CALLOT (Jacques), né en 1573 † 1635.

1215. — Personnages et caprices.

Dessin à la plume sous verre.

DEVOSGE (François), né en 1732 † 1811.

1216. — Saint Pierre en prières.

Gouache sur vélin, signée F. Devosge 1742.

DEVOSGE (François), né en 1732 † 1811.

1217. — L'assomption de la sainte Vierge.

Dessin original du tableau du musée de Dijon, à la plume et encre de Chine.

1218. — Frontispice, la Justice.

Des amours tiennent des attributs de justice, signé au bas au crayon Devosge inv., dessin à la plume, au crayon et encre de Chine.

DEVOSGE (François).

1219. — Le brave Oudot en prison.

Enchaîné, assis sur une botte de paille, une jeune fille lui présente un broc et un plat. Signé à gauche F. Devosge invenit et fecit en Octobre 1760, dessin au crayon noir.

1220. — Le brave Oudot, opérant des miracles.

Dessin à la plume, légèrement teinté d'encre de chine. Signé à droite F. Devosge Invenit.

EISEN, XVIII° siècle.

1221. — Saint Éloi prêchant.

Dessin à la plume teinté. Signé C. Eisen 1740.

1222. — Vue de Dijon, crayon aquatinté XVIII° siècle.

Cette vue est prise à l'angle du chemin couvert en allant à la porte Saint-Nicolas, signé Fauvel.

FRAGONARD (Jean-Honoré), né en 1732 † 1806.

1223. — Le temple de Gnide.

Au premier plan, un groupe de personnages débouchent d'un chemin à gauche, en face d'autres sont assis devant une statue, à droite une fontaine, au-dessus sur une éminence un temple circulaire à dôme supporté par des colonnes ; à gauche un rocher et des arbres.

Aquarelle, h. 0^{m}30, l. 0^{m}41.

HUET (Jean-Baptiste), né en 1745 † 1811.

1224. — Etudes d'animaux.

Dessin au crayon noir, signé à la plume, J.-B. Huet 1767.

1225. — De Jolimont.

Réunion des chevaliers de la Toison d'Or, sous la présidence du duc de Bourgogne (Copie d'après une miniature de manuscrit). Gouche rehaussée d'or.

JOLIMONT (Th. de).

1226. — Epanouissement de la voûte d'escalier de l'hôtel Chambellan, rue des Forges, dit hôtel des ambassadeurs d'Angleterre.

1227. — Sommet de l'escalier de la tour de l'ancien palais des ducs de Bourgogne, pendant du précédent.
H. 0^{m}23, 1. 0^{m}17.

1228. — Portrait du chancelier Rollin, copie d'après le retable de l'hospice de Beaune, par Théodore de Jolimont, artiste dijonnais.
H. 0^{m}53, 1. 0^{m}38.

1229. — Portrait de Hugonette de Salins, épouse du chancelier Rollin, pendant du précédent.

LALLEMAND (Jean-Baptiste).

1230. — Portrait de Lallemand, peint par lui-même à l'aquarelle.
Indication au dos par M. B. Baudot.

1231. — Scène foraine sur un quai, dessin teinté, rehauts de blanc, signé à gauche.

1232. — Paysage, animaux et personnages, gouache sous verre sans cadre, signé à droite.
H. 0^{m}31, 1. 0^{m}45.

1233. — Petit dessin à la plume présentant quelques détails des premiers plans d'un des tableaux de Montmusard.
Très beau petit cadre à fronton, nœud de rubans avec chute guirlande de lauriers.

LÉCURIEUX.

1234. — Saint Bernard donnant la communion, dessin teinté.
Devant un portail, saint Bernard assisté de moines et de porte-croix présente l'hostie à un vieillard en costume oriental, en présence de chevaliers couverts d'armures et de fidèles, signé à droite sur une marche Lécurieux.

1235. — Saint Bernard présentant l'hostie.
Devant un portique d'ancienne architecture saint Bernard présente l'hostie à un vieillard étendu à ses pieds, il est entouré de moines portant l'encensoir, à droite des hommes d'armes tenant une hallebarde.
Dessin teinté, pendant du précédent, signé Lécurieux.

1236. — Jeune mère assise tenant sur ses genoux son enfant à demi nu jouant avec un oiseau, dessin.

MONNIER, graveur.

1237. — Portrait de Madame Fremiet, née Monnier.
Dessin au crayon.

1238. — Portrait de Soufflot, architecte, dessin à la mine de plomb par Pajos, cadre bois doré.

PICARDET (Claude), né en 1727 † 1796.

1239. — Vase de fleurs, gouache.
Des tulipes, des œillets et autres fleurs emplissent un vase posé sur une table, signé à droite du monogramme P. invenit et pinxit, en octobre 1780.

1240. — Paysage crayon, signé Pillement.

1241. — Frise. Amours se lutinant, dessin à la plume rehaussé de sépia.

1242. — Projet de plafond, signé à droite Lebrun.

1243. — Naïade couchée sur un dauphin.
Dessin au crayon rehaussé de blanc, signé à droite F. Boucher.

PRUD'HON (Pierre-Paul).

1244. — La Justice (allégorie).
Figure tenant une balance et divers attributs de la justice; dessin au crayon noir, signé au bas, à droite Prud'hon.

1245. — L'amour portant une corbeille de fleurs, dessin au crayon (attribué à).

1246. — Jeune femme lisant une lettre, école française XVIIIe siècle.
Gouache (sous verre).

1247. — Le génie des beaux arts.
Dessin au crayon, sous verre, dans un cadre.

ROBERT HUBERT?

1248. — Vue d'une ferme à Saint-Remy.
Dessin à la plume teinté; signé à gauche Robert.

BARBIERI dit le GUERCHIN (attribué à).

1249. — Buste d'homme.

Dessin à la plume.

ÉCOLE FRANÇAISE, fin XVIIIe siècle.

1250. — Projet de fontaine.

Dessin à la plume; signé François Renatin-Gardon, 1760.

1251. — Grand dessin d'architecture.

Monuments antiques en ruines, dessin à la plume rehaussé d'encre de chine; signé à gauche au crayon, dessiné par Antoine d'après Openord.

1252. — Tête de vieillard, école française, XVIIIe siècle.

Gouache sur vélin.

H. 0m17, l. 0m14.

1253. — Maison de Diomède, aquarelle.

1254. — Théâtre découvert à Pompeï, aquarelle.

1255. — Le coup de patte, gravure d'après Prud'hon dans un cadre doré.

POLIDOR DE CARAVAGE.

1256. — Sujet religieux.

Dessin à la plume et sépia sous verre.

1257. — La procession de la ligue.

Gravure coloriée collée sur toile, montée sur châssis; cadre ancien, bois sculpté doré.

H. 0m53, l. 0m96.

FRAGONARD, école française, XVIIIe siècle.

1258. — Devinez?

Gravure en couleurs, signée dans la base du monument à gauche Decourtis.

H. 0m47, l. 0m37.

ÉCOLE FRANÇAISE, commencement XIXe siècle.

1259. — Gravure en couleur.

Présentant une assemblée présidée par Pie VII à l'institut des sourds-muets, 17 février 1805; l'abbé Sicard, directeur de l'établissement harangue le pape.

1260. — Hélène et Paris, gravure en couleur.

Épreuve avant toute lettre.

1261. — Portrait de Bossuet gravé par Drevet d'après H. Rigaud.
Cadre bois sculpté doré.

1262. — Portrait de Mgr d'Apchon, archevêque d'Auch, sous verre encadré.

1263. — Cinquante costumes, caprices burlesques et grotesques, dessins à la plume, teintés.

1264. — Rembrandt, eau-forte encadrée.
La prédication, épreuve avant toute lettre, dans un cadre sous verre.

1265. — Album grand in-fol., recueil de dessins d'artistes bourguignons.

1266. — Peinture indienne.
Elle présente les divinités de l'Inde.
Carton, h. 0^{m}60, l. 0^{m}52.

1267. — Peinture chinoise, sur verre étamé.
Portrait d'une dame chinoise.
H. 0^{m}23, l. 0^{m}16.

DESSINS EN FEUILLES

1268. — Décoration intérieure du château de Pierre-en-Bresse, par Antoine, ingénieur de Dijon.

BLANCHET.

1269. — Cadmus tuant le dragon.

BOICHOT.

1270. — Le printemps, dessin à la sanguine.

BOUCHARDON.

1271. — Un génie (dessin à la sanguine).

1272. — Jeune femme entourée aux angles de divers attributs (dessin crayon). signé 1721.

BOUCHER.

1273. — Vénus et les amours, médaillon.

1274. — Deux têtes, dessin.

1275. — Une pastorale, dessin important (une tache).
1276. — Une tête de jeune fille, dessin aux deux crayons.
1277. — Naïades, étude dessin à la plume.
1278. — Naïades, dessin à la sanguine.
1279. — Jeune fille se levant, dessin crayon noir rehauts blancs, signé à droite.

BOULLONGNE (Bon), né en 1649, † 1717.

1280. — Histoire de Joseph, dessin.

BOURJOT, E., architecte à Dijon.

1281. — Ruines de la fontaine de Tormina, aquarelle signée à droite E. Bourjot inv.

BRUNET.

1282. — Frise en rinceaux de la villa Médicis, signée à gauche Brunet delin. 1768.

DELAFOSSE.

1283. — Un dessin à la plume.

DEVOSGE (François).

1284. — La naissance du roi de Rome, 20 mars 1811.
Quatre vers au-dessous.

DEVOSGE (A.).

1285. — Dédié aux députés de la Côte-d'Or en 1818, dessin à la plume. Dessin.
Huit dessins divers.

DUBOIS.

1286. — Enée portant Anchise (dessin à la plume).
1287. — 62 pages de croquis et de dessins, esquisse, études pour l'assomption de la Vierge à N.-D. de Dijon, de diverses statues, autels et bas-reliefs.
1288. — La Vierge et l'enfant Jésus (dessin au crayon).

EISEN (dans le goût de).

1289. — Trois frises, jeux d'amours et d'enfants, et un médaillon amours dans une barque conduite par un dauphin; dessins à la plume rehauts d'encre de chine.

B. GAGNEREAUX.

1290. — Une idylle, dessin à la plume.
1291. — Une tête, signé Rome, 1761.
1292. — L'homme tyrannisé par la jalousie se venge sur l'amour.
1293. — Le jugement de Salomon (crayon et encre).
1294. — Bataille, étude à la plume, signé.
1295. — Bataille, étude à la plume, signé.

GREUZE.

1296. — Tête d'enfant, dessin au crayon rouge.

HOIN.

1297. — Une tête, esquisse crayon, projet de monument.
1298. — Intérieur jeune femme et son enfant, aquarelle.

JEAURAT.

1299. — Fête villageoise, esquisse à la plume et crayon noir.

JOUVENET (attribué à).

1300. — Tête de moine, crayon noir rehauts blancs.

LEGAY.

1301. — Ruines, dessin à la plume.

LA JOUE (F.).

1302. — Un dessin à la plume.

LALLEMAND.

1303. — Un paysage, dessin à la plume.
1304. — Vue de l'hospice et du pont Aubriot.
1305. — Une étude.

LEJOLIVET.

1306. — Un dessin d'architecture.
1307. — Une allégorie dédiée au comité des citoyens de la ville de Dijon, dessin à la plume et encre de chine ; signé à gauche, 1789.

LEPAUTRE
1308. — Ornements, dessin.
LHÉRITIER
1309. — Dessin au crayon.
1310. — Dessin au crayon.
LORRAIN (Claude le).
1311. — Etude d'arbres, dessin.
MARILLER.
1312. — La peinture (amour), dessin à la plume.
1313. — La musique (amour), dessin à la plume.
MARLET, sculpteur dijonnais.
1314. — Boiseries, dessin à la plume teinté.
1315. — Boiseries, dessin à la plume, teinté.
Boiseries, dessin à la plume, teinté.
<small>Boiserie du même appartement.</small>
1316. — Côté d'appartement, boiseries, signé Marlet.
1317. — Armoiries du fronton du château de Scey-sur-Saône.
MOINE (Le) (attribué à).
1318. — Cléopâtre buvant des perles, dessin à la plume, teinté.
MOUCHET, élève de Greuze.
1319. — David vainqueur de Goliath, dessin.
NANTEUIL.
1320. — Paysage et torrent, dessin crayon noir, rehaussé de blanc sur papier bleu.
PARIZON.
1321. — La mise au tombeau de N.-S. (dessin à la plume teinté).
1322. — Un dessin à la plume et sépia.
PAROCEL.
1323. — Les mendiants recevant l'aumône (signé).
1324. — La sainte mort.

PAROCEL (le père).

1325. — Une bataille, dessin au crayon, teinté.

POUSSIN.

1326. — Satyre découvrant une nymphe, crayon noir.
1327. — Un dessin à la plume, teinté.

PRUD'HON.

1328. — Une tête d'ange, dessin crayon.

ROBERT (Hubert).

1329. — Ruines d'un temple.
1330. — Une jeune fille avec un panier de fleurs.
1331. — Ruines, signé à gauche.
1332. — Un sujet d'histoire.

F. ROSE.

1333. — Paysage, arbre et vase en ruine, signé F. Rose inv.

SARRABAT.

1334. — L'entrée des animaux dans l'arche, dessin à la plume.

VAN LOO.

1335. — Un artiste tenant un crayon, dessin au crayon rouge.
1336. — Un amour, dessin à la plume.

VERDIER.

1337. — La chaste Suzanne au bain, dessin.

VERNET (Joseph).

1338. — Marine, dessin à la sanguine.

VERNET (Carle) (dans le goût de).

1339. — Croquis d'animaux.

VIEN (attribué à).

1340. — Tête d'enfant, dessin à la plume.
1341. — Allégorie l'architecture, crayon, rehauts blancs.

WATTEAU (A.).

1342. — Une pastorale, étude.

1343. — Tête de jeune fille.

ZIEM (F.).

1344. — Dessin d'après la peinture gothique trouvée dans l'ancienne église Saint-Jean, dans la nef gauche, 1838.

1345. — Dessin d'un vitrail de N.-D. de Dijon.

1346. — Dessin de la piscine de la chapelle Saint-Philippe, à Saint-Michel.

1347. — Dessin de motifs du portail de Saint-Michel.

ÉCOLE FRANÇAISE, XVIIIe siècle.

1348. — L'enlèvement des Sabines.
Dessin à la plume.

1349. — Vue du château de Bourbon-l'Archambault.
Dessin au crayon et aquatinte.

ALLEGRI dit le CORRÈGE.

1350. — Tête de sainte Catherine, dessin aux deux crayons
Du tableau qui est au musée du Louvre.

APPIANI.

1351. — Deux dessins.

ALBANI dit l'ALBANE.

1352. — Dessin à la plume.

BASSANO dit LE BASSAN.

1353. — Dessin rehaussé de sanguine.

1354. — Dessin rehaussé de sanguine.

BACCIO BANDINELLI.

1355. — Etude (dessin à la plume, signé).

BONDI.

1356. — Sainte Madeleine (dessin plume et crayon).

CAMPI (Giulio).
1357. — L'annonciation (dessin à la plume).

CASAS.
1358. — Paysage, environs de Rome (dessin à la plume, teinté).
1359. — Deux vues de ruines.

DOMENICHINO.
1360. — Esquisse au crayon.

FALCONE
1361. — Bataille (dessin à la plume).

LE MUTIANO
1362. — Saint Hubert (dessin à la plume).

PIETRO di CORTONE
1363. — Un enlèvement (dessin à la plume, teinté).

PIETRO di PIETRI.
1364. — L'Apparition de la Sainte Vierge (dessin à la plume).

POLIDORE de CARAVAGE.
1365. — Le portement de croix (dessin à la plume et sépia).

RIBERA.
1366. — La chute des anges (dessin à la plume, teinté).

SALVATOR.
1367. — Une vision (dessin crayon et plume teinté).

SAVARONE.
1368. — Un enlèvement (dessin, esquisse à la plume).

SOLIMENA.
1369. — Martyre de saint Laurent (dessin à la plume, esquisse).
1370. — Allégorie.

THADEO ZUCHARO.
1371. — Un dessin, esquisse.

THELOTTI.
1372. — Les trois vertus théologales, dessin.

TESTA (Pietro).

1373. — Dessin à la plume, esquisse.

ÉCOLE ITALIENNE.

1374. — Un cavalier effrayé, dessin au crayon.
1375. — Satyre découvrant une nymphe, dessin.
1376. — Le mariage de la Sainte Vierge.
1377. — Le christ portant sa croix.
1378. — Une tête de soldat.
1379. — Une tête de vieillard copiée d'après le tableau de la transfiguration de Raphaël.
1380. — Milon de Crotone, dessin à la plume.
1381. — Mentor présentant la paix (plume et sépia).
1382. — Sacrifice de Polyxène.
1383. — Tête d'une des trois grâces.

ÉCOLE VÉNITIENNE.

1384. — Un dessin à la sanguine.

BLOEMEN (Pierre).

1385. — Dessin paysage.

BERGHEM.

1386. — Un dessin.

JANSSENS, V.

1387. — Vénus et l'amour, crayon rehaussé de blanc.

LUCAS Van LAIDON.

1387 bis. — Salomé présentant à Hérode la tête de saint Jean, dessin rehaussé.

METZU.

1388. — La surprise, dessin à la plume teinté de bistre.

RUGENDAS (attribué à).

1389. — Une bataille.

VAN-DYCK (attribué à).

1390. — Tête d'homme.

1391. — Sous ce numéro seront vendus les dessins omis au catalogue.

PLAQUETTES BRONZE ET CLICHÉS ÉTAIN

1392. — Deux médaillons plomb, xv⁰ siècle.
<small>Ces deux médaillons ovales allongés présentent Philippe le Bon, duc de Bourgogne, signé au bas A.M 1467 et</small>

1393. — Isabelle de Portugal, signé et daté de même.

1394. — Médaille en plomb.
<small>Maximilien d'Autriche, revers Marie de Bourgogne.</small>

1395. — Plaque cliché plomb, travail français, xive siècle.
<small>Cette curieuse petite plaque divisée en deux registres, le 1er terminé par un ange aux ailes déployées tenant sur ses bras l'enfant Jésus, au-dessous une double arcature ogivale supportée par trois colonnettes présente à gauche l'annonciation, à droite la visitation. Le 2° registre présente sous une double arcature ogivale les trois mages. Cette plaque trouvée à Citeaux devait probablement faire partie d'un triptyque.</small>

1396. — Cliché étain, travail français, xvie siècle.
<small>Présente le siège d'une ville.</small>

1397. — Cliché, pendant du précédent.
<small>Le jugement de Salomon.</small>

1398. — Autre cliché, le jugement de Paris.

1399. — Autre cliché, Alexandre et la famille de Darius.

1400. — Deux clichés étain de Briot, xvie siècle.
<small>La Grammatica, et la Geometria, sur le bord formant cadre des godrans terminés en haut par un mascaron.</small>

1401. — Médaillon cliché plomb, travail français.
<small>Vincent de Paul, avec l'inscription : Vincentius a Paulo inst. cong. missionis et puellarum charitatis.</small>

1402. — Cliché étain du sceau de la connétablie et maréchaussée de France. 1747 armoiries et signé Lorthior D.

1403. — Cliché étain du sacre de Louis XV, signé au bas Du Vivier fecit. Remis XXV octobris 1722.

1404. — Cliché plomb, médaille cardinal de Richelieu, signé I. Warin.

1405. — Cliché plomb, *Sigillum sancte Mariæ Remensis eclesiæ metrapolis.*

1406. — Cliché plomb, Louis XIV, médaillon.

1407. — Cliché plomb, la prise de la Bastille.

1408. — Cliché plomb, la folie entourée de nuages.
Légende : *Ridere regnare est* (signé S.C. Roettier fecit).

1409. — Cliché plomb, Mercure sur les nues entre deux muses.
Légende : *Comitas et magnificentia, au bas Hilaritati publicæ aperta regiæ* 1683.

1410. — Deux clichés étain, vues des châteaux de Choisy et de Montigny. XVIII° siècle.
Ces deux clichés d'une grande finesse sont coloriés.

1411. — Plaquette cuivre, travail français.
Minerve couronnant Vulcain, an-dessus est écrit : Artibus que eta gloria

1412. — Médaillon, cuivre laqué doré, XVIII° siècle, portrait de Jean de Gassion.
Médaillon, cuivre laqué doré, XVIII° siècle, portrait de Joseph II d'Autriche.

1413. — Médaillon, cuivre laqué doré, portrait de Nicolas Boileau.
Médaillon, cuivre laqué doré, portrait de Henry de la Tour.

1414. — Le martyre de Saint Etienne, bas-relief bronze doré. Travail français, XVII° siècle.
Saint Etienne agenouillé est lapidé par deux bourreaux, ses regards sont vers le ciel où apparaissent dans les nues Dieu le père et Jésus-Christ.

1415. — Plaquette bronze, travail italien, XVI° siècle.
Deux satyres découvrant une femme allaitant deux enfants, appuyée contre un monument portant une inscription.

1416. — Plaquette bronze, travail italien, XVIᵉ siècle.
Empereur romain haranguant les soldats, au-dessous est écrit VA. VI. E.

1417. — Médaille italienne, XVIᵉ siècle.
Sigismund Pandolfus Malatesta, signé Pan F.

1418. — Plaque, travail français, XVIᵉ siècle.
La Renommée couronnant la Force, cuivre fondu et ciselé.

1419. — Plaquette bronze, le Jugement de Salomon.

1420. — Plaquette bronze, sujet mythologique.

1421. — Plaquette bronze, Mars tenant un bouclier.

1422. — Buste de Socrate, médaillon bronze, XVIIᵉ siècle.
Sur plaque d'albâtre dans un cadre bois doré.

1423. — Louis XIV, médaillon rond, cuivre repoussé, XVIIᵉ siècle.

1424. — Sous ce numéro seront vendus les objets de ce genre omis au catalogue.

MÉDAILLONS ET MÉDAILLES

1425. — Médaillon de l'Académie de peinture, sculpture et architecture de Saint-Luc, à Rome.
D'un côté Clément XII. Légende Virtutis amplissimum præmium est gloria, 1766. cic. pro milo.
R/. Saint Luc peignant la Vierge (Légende). Academi pictor, sculptor et architector urbis. Au bas sur le socle de saint Luc R. Perger. I., au bas à l'exergue T. clas. P. prœm.

1426. — Académie de Bologne 1796.

1427. — Médaille académie de Dijon, argent 1760.

1428. — Médaille académie de Dijon, argent 1762.

1429. — Médaille académie de Dijon, bronze 1768.

GRANDE MÉDAILLE ARGENT FRANÇAISE, XVIIIᵉ siècle.

1430. — La santé publique, signée Gaiteaux f.

1431. — Médaille bronze, les fontaines de Dijon.

1432. — Médaille bronze, l'exposition de Dijon, 1858
1433. — Médaille bronze, Inauguration du chemin de fer en 1852.
1434. — Médaillon dans un cadre, travail français XVIIᵉ siècle.
Claudius empereur, il est à cheval. R/ Nero Claudius divus German. imp.
1435. — Médaillon, travail français XVIIᵉ siècle.
Sénèque. Autour est écrit : LUC. AN. SENECA. Au-dessous : VARIN.
1436. — Deux médaillons bronze, Henri IV et Sully.
Dans des petits cadres, cuivre doré XVIIIᵉ siècle.
1437. — Henri IV et Louis XVIII, médaille bronze duc de Berry.
1438. — Henri V, 1863.
1439. — Bonaparte, paix de Lunéville, 1801, argent.
1440. — Napoléon, empereur élu 1804.
1441. — Napoléon et Charlemagne.
1442. — Napoléon. Paris, 1809 argent.
1443. — Napoléon, retour d'Astrée, en argent doré.
1444. — Desaix tué à Marengo.
1445. — République cisalpine, 1800.
1446. — Louis XVI, père d'un peuple libre, 1789.
1447. — Vaccination, Paris, 1814.
1448. — Huissiers de la Seine, 1817.
1449. — Bailly, président de l'assemblée.
1450. — Mariage de Saint Jean en Grève.
1451. — Etablissement de la mairie de Paris.
1452. — Plombs, emblèmes de la révolution.
1453. — Médaille, Armand de Richelieu.
1454. — Médaille, cardinal de Fleury, 1734.
1455. — Médaille, cardinal Dubois.
1456. — Médaille, la paix, 1684.
1457. — Médaille, évêque de Seez, 1740.
1458. — Médaille, effets de la Concorde, Genève, 1767.

MÉDAILLES ALLEMANDES

1459. — Deux réformateurs, R/la Foi.
1460. — Frédéric Guillaume.
1461. — Médaillon allemand, 1666.
1462. — Rodolphe de Brunswick, 1779.
1463. — Deux Frédéric de Prusse, 1757-1758.
1464. — Une de Nassau, 1607.
1465. — Une de Maurice de Nassau, 1759.
1466. — Une Guillaume de Nassau, 1770.
1467. — J. Huss.
1468. — Saint Hilda.
1469. — Deux médailles allemandes.
1470. — Charles XII, roi de Suède, 1703, argent.
1471. — Charles XI, roi de Suède, 1797, argent.
1472. — Gustave III, roi de Suède, 1789, bronze.
1473. — Médaille de Suède, 1747, bronze.
1474. — Etrurie, 1807.
1475. — Prix de Berne.
1476. — Confédération suisse, 1815.
1477. — Médailles de Marguerite de Puxo. marchionis Salu. Cart. 1516. R/ Deus protector et refugium meum. I F.
1478. — Médaille de André Alciati, R/ en lettres grecques.
1479. — Médaille, J.-C., R/ Saint Pierre (tu es petrus).
1480. — Médaille, Bella d'Este, R/ Bonum erentium ergo.
1481. — Médaille, Alexandre Bassiani.
1481 bis. — Paul II, pape, médaillon bronze, ovale, travail italien, XVIe siècle.

<small>Dans un ovale très allongé surmonté d'un petit fronton à enroulements, le pape Paul II, la tiare à triple couronne sur la tête, il porte la chape à orfrois ornementés, fermée par une agrafe, inscriptions. Roma. Paulo veneto II anno publicationis jubilei.</small>

1482. — Alexandre Ier, bronze.
1483. — Adrien III, bronze.
1484. — Pie III, dorée.
1485. — Pie III, bronze.
1486. — Pie IV, 2 bronzes.
1487. — Jules III, bronze.
1488. — Anastase, bronze.
1489. — Adrien V, bronze.
1490. — Paul IV, bronze.
1491. — Sixte IV, 2 bronzes.
1492. — Clément V, bronze.
1493. — Philippus Nerius, bronze, 1595.
1494. — Clément VIII, 1600.
1495. — Clément X, 4 bronzes.
1496. — Innocent X, 2 bronzes.
1497. — Clément XI, 3 bronzes, 1700.
1498. — Clément XII, bronze.
1499. — Innocent XI, bronze.
1500. — Grégoire XII, bronze.
1501. — Léon X, bronze.
1502. — Benoit XIV, 2 bronzes, 1750.
1503. — Louis XV, R/ Pax inita cum Germ. 1738.
1504. — Marie de Médicis, 1614.
1505. — Louis XIV et Anne d'Autriche, 1643 (signé Varin).
1506. — Médaille, chapelle de Saint-Ferdinand.
1507. — Sous ce n° seront vendues quatre-vingts médailles diverses, les grands hommes du siècle, etc.

PRÉHISTORIQUE, L'AGE DE PIERRE

1508. — Huit haches pierres polies.
1509. — Dix haches pierres polies.

1510. — Quinze pointes de flèches et débris de haches, silex et pierres divers.

ANTIQUITÉS

1511. — Hache à deux tranchants, bronze antique trouvée à Citeaux.
Cette pièce renflée à sa partie médiane est percée dans toute sa largeur.

1512. — Lame d'épée en bronze gauloise.
Elle est à deux tranchants, légèrement renflée à sa partie médiane, la soie et l'extrémité sont brisées.

1513. — Lance bronze antique.
La douille ornée d'anneaux gravés, patine vert foncé, belle conservation. Trouvée à Fleurey-sur-Ouche en 1813.

1514. — Phalère, bronze antique.
Cette phalère en forme de bouclier rond, au centre un umbo, derrière un anneau pour la fixer. Trouvée à Fleurey-sur-Ouche.

1515. — Trois ciseaux droits, bronze gaulois.

1516. — Neuf coins de diverses dimensions, bronzes gaulois.
Ils sont tous munis à la base près du bourrelet d'un anneau.

1517. — Huit haches en bronze, gauloises.
Trois ont un petit oreillon percé, les cinq autres sont droites sans appendice.

1518. — Style bronze romain antique.
La tête est circulaire et aplatie.

1519. — Trois épingles de coiffure bronze gallo-romain.
La tête de ces épingles est longue et plate avec des ornements ajourés, l'une de ces trois épingles est en fer, les deux autres de bronze patine verte.

1520. — Onze bracelets ou anneaux ronds fermés en bronze.

1521. — Neuf autres bracelets ovales et ouverts quelques-uns avec des ornements perles, oves, etc.

1522. — Quatre débris de bracelets.

1523. — Torque bronze trouvée à Coblentz.

1524. — Pendulum fer antique.
Muni d'un anneau à sa partie supérieure, légèrement aplati de chaque côté.

1525. — Le gigot de Nimes, bronze antique.
D'un côté les deux têtes d'empereurs et de l'autre un crocodile devant un palmier.

1526. — Chaînon et anneaux, bronze gallo-romain.
Ces pièces proviennent de deux objets différents, d'un usage indéterminé.

1527. — Lame d'épée celtique en fer, trouvée au Mont-Auxois.
Cette épée est à deux tranchants (endommagée par la rouille).

1528. — Lot de clés en fer de diverses époques, de différentes formes et dimensions.

1529. — Lot d'objets gallo-romains, mérovingiens, et moyen âge, fibules, agrafes, clés, etc., seront vendus par lots.

1530. — Un grand nombre d'objets en bronze de diverses époques, fibules, boucles, agrafes, crochets, torque, etc., et debris d'objets seront vendus en plusieurs lots.

1531. — Un grand nombre d'objets en fer de diverses époques, étriers, fers de cheval, flèches, débris d'objets de diverses natures seront vendus en plusieurs lots.

1532. — Lampe grecque, terre antique.
Cette lampe est à un bec et une anse, le centre présente la tête de Mercure coiffée du pétase autour de laquelle est une inscription en caractères grecs, l'anse est formée d'une chimère à tête de femme, le bec présente un mascaron, dessous le pied est une inscription grecque très bien conservée.

1533. — Trente-cinq lampes romaines en terre cuite de formes diverses, seront vendues en plusieurs lots.

1534. — Moule de potier gallo-romain trouvé à Velars en 1828.

1535. — Moules de monnaies romaines.

1536. — Une coupe basse terre rouge, au bord supérieur un mufle de lion, travail gallo-romain.

1537. — Un vase étrusque, couverte noire, dessins rouges.

1538. — Une coupe montée sur une tige annelée, sur pied arrondi, sur la panse couverte noire des têtes de femmes, peintures rouges, noir et blanc.

1539. — Une coupe plate à deux anses, couverte noire, dessins feuilles rouges.

1540. — Un vase forme bouteille à une anse, couverte noire, dessins rouges, une femme nue devant un autel.

1541. — Un petit lecythe, vase à parfums.

1542. — Un vase à une anse, sur la panse un bige noir sur fond rouge.

1543. — Deux coupes plates.

1544. — Trente et une pièces, terres cuites romaines, et gallo-romaines, vases, coupes lacrymatoires, etc., seront vendus par lots.

1545. — Vingt-huit pièces diverses, coupes, vases de diverses formes et décors.

<small>Ce numéro sera divisé.</small>

1546. — Vase terre antique Pérou ou Mexique.

<small>Présente à chaque extrémité un singe.</small>

1547. — Vingt pièces diverses de verres irisés, trouvées sur différents territoires de la Côte-d'Or, plusieurs sont décrites dans les mémoires de l'académie de Dijon. Quelques-unes de ces pièces sont incomplètes, seront vendues en plusieurs lots.

BIJOUX ANTIQUES

1548. — Bracelet formé de petits vases antiques en améthistes. Trouvé à Autun.

1549. — Petit bracelet en or époque Mérovingienne.

COLLECTION DES OBJETS MÉROVINGIENS TROUVÉS A CHARNAY

L'exploration des tombeaux fut entreprise en 1832, et le succès des premiers travaux engagea le propriétaire, M. Baudot, à écrire sur ce sujet un rapport à la commission archéologique.

Ce rapport a été imprimé dans le tome V des Mémoires de la commission

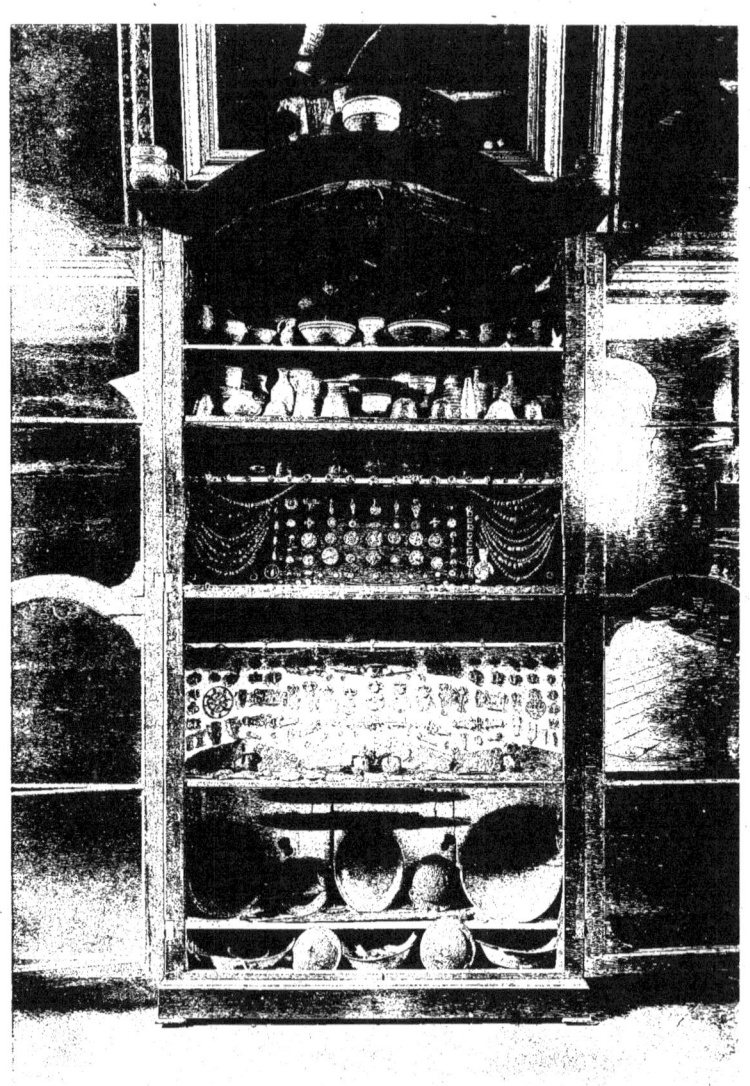

COLLECTION MÉROVINGIENNE DE CHARNAY (Nᵒˢ 1550 à 1644)

des Antiquités du département de la Côte-d'Or, 1837. C'est à cette source que nous avons emprunté nos descriptions.

FIBULES

1550. — Une fibule en or.

Présente sur le fond une croix à quatre branches égales, composée de ce que l'on pourrait appeler une mosaïque cloisonnée. Au centre est placé un camée onix à trois couches représentant une tête de profil. Le bord de cette fibule est circulaire décoré d'un léger feston en pierreries, et le fond entre les branches de la croix est orné de filigranes.

1551. — Deux autres fibules d'or fin.

Leur centre est bombé, entouré d'un cercle en pierreries d'où partent six rayons qui aboutissent à un autre cercle en pierres festonnées qui fait bordure. L'intervalle orné de dessins en filigrane.

1552. — Une fibule d'or.

Elle porte au centre un émail bleu d'où partent quatre branches en verre blanchâtre à la pointe desquelles est une pierre rouge de forme carrée. Entre les branches étaient placées quatre pierres rondes, deux sont sorties de leur sertissure, le fond est aussi orné de filigranes.

1553. — Une fibule argent doré.

Le milieu offre au centre une petite pierre rouge d'où partent six rayons en filigranes entre lesquels on remarque une petite pierre, trois croix à branches égales en grenat ayant au centre un cabochon émail blanc, entre chacune des croix sont trois pierres triangulaires de couleur rouge, l'extrémité de la pointe tournée vers le centre. Le fond de la fibule est parsemé de petits cercles en filigrane.

1554. — Une fibule argent doré.

A part le cercle qui l'entoure et fait bordure non doré, le milieu bombé porte un émail bleu et semble disposé à former le centre d'une croix, dont quatre pierres triangulaires rouges seraient les bras, le fond est orné de quatre entrelacs et de petits cercles en filigrane.

1555. — Deux fibules en argent composées de douze et treize rayons en pierre rouge, festonnées au bord.

Dans la première, le centre est orné d'une croix potencée; dans la seconde, il est creux et orné de trois S et d'un petit cercle en filigrane.

1556. — Une fibule en or.

Le milieu est orné d'un émail bleu entouré d'un cercle de grenats cloisonnés faisant le centre d'une croix dont les branches formées de quatre petits grenats allongés se terminent par quatre émaux bleus de forme ronde. Le fond de la plaque est orné de filigranes contournés. Cette fibule en or est doublée d'une plaque de bronze.

1557. — Deux fibules en or bien semblables.

Leur forme est un carré dont les angles portent des saillies rondes surmontées d'un cône, et un cône semblable orne le milieu, le fond porte un cercle de petits anneaux en filigrane.

1558. — Une fibule en or.

L'une des plus riches de la collection, est circulaire, la pierre placée au centre est une améthiste, de forme ovale, arrondie des deux faces, percée dans le sens longitudinal, et fixée non seulement par la sertissure, mais encore par une goupille qui la traverse : elle est entourée d'un rang de petites perles en émail blanc, montées sur de petits tubes en or et soudés autour du chaton. Le bord de la fibule est décoré de quatre émaux bleu foncé et de quatre bossettes en or repoussées dans la plaque et décorée de petits filigranes disposés en forme de croix, ces bossettes sont séparées des émaux par huit grenats triangulaires. Le fond est orné de filigranes.

1559. — Une fibule en or.

Elle est circulaire, le milieu légèrement bombé, orné d'un émail grisâtre. Le bord décoré de trois grenats triangulaires alternés de trois têtes d'oiseaux à bec crochu formés de grenats, l'œil d'émail, le fond couvert de demi-cercles en filigranes disposés en écailles de poisson.

1560. — Une fibule en or circulaire.

Les bords de la plaque d'or sont rabattus sur ceux d'une plaque de bronze. Le milieu de la plaque est bombé, et porte au centre un grenat plat et rond ; quatre croissants dont les pointes sont dirigées vers le centre sont placés à égale distance vers le bord et sont composés chacun de trois compartiments : celui du milieu porte un grenat, mais les huit pointes sont vides. Le cercle en filigrane qui entoure le bord extérieur est composé de deux fils ronds tordus ensemble.

1561. — Une fibule circulaire en or pâle.

Ce bijou est épais garni de mastic entre les deux plaques. Son ornementation est simple : c'est une croix en saillie repoussée dans la plaque, dont le fond est garni de filigrane disposé en écailles de poisson, qui vont du centre au bord ; le bord forme un cercle saillant orné d'un rang d'écailles disposées en sens inverse de celles du fond, et offrant au milieu de chacune d'elles un petit anneau. Le côté extérieur du bord porte un cercle en filigrane aplati et tordu et fixé par de petites griffes rabattues et soudées sur la feuille extérieure. La croix a pour centre un cône d'où partent les quatre branches qui vont en s'élargissant aux extrémités, terminées par de petits cônes dont les pointes, ainsi que celles du point central sont formées avec les têtes des rivets réunissant les deux plaques.

1562. — Une fibule circulaire en or.

Porte une croix peu apparente, les branches, qui sont formées de quatre sortes de petits barillets disposés en lignes croisées, ne touchent pas au centre, qui présente une saillie semi-sphérique entourée d'un cercle légèrement surhaussé de petits traits saillants disposés en rayons. Les intervalles qui séparent les branches de la croix sont ornés d'un petit barillet semblable à ceux qui forment la croix. Le centre est parsemé de petits anneaux en filigrane dont quelques-uns sont réunis en forme d'S.

1563. — Une fibule circulaire en argent et grenat.

Elle est formée d'un rang de grenats, le centre présente un carré entouré de segments de cercle. Cette pièce est brisée et la plupart des grenats sont absents.

1564. — Une petite fibule en or.

Elle est entourée d'un cercle plat en argent beaucoup plus épais, orné de rayures obliques très serrées faites à la lime.

Une croix composée de cinq grenats occupe le milieu ; celui du centre est carré, ceux des branches sont triangulaires. Entre les branches de la croix on voit les quatre têtes de rivets en argent qui réunissaient la feuille d'or à la plaque de bronze. Un filigrane d'or qui garnit les bras de la croix vient arrondir ses extrémités de chaque côté des têtes de rivets.

1565. — Une fibule en forme de poisson or et grenats.

Cette fibule est ornée de grenats réunis en mosaïque cloisonnée sur fond d'or ; quatre petites nageoires sont placées sur les flancs ; l'œil est fait d'un petit grenat rond peu saillant, on remarque quatre petits trous placés, deux à l'extrémité de la queue, et les deux autres à la naissance des deux nageoires supérieures.

1566. — Une fibule de forme allongée en argent.

Avec inscription runique, la partie supérieure de celle-ci est carrée, sans rayons ; sa tige s'élargit au bas de la partie cintrée et se termine par une tête d'animal fantastique. Toute la surface est couverte de dessins en saillie, entourés au-dessus et dans la partie cintrée d'une grecque, encadrée elle-même d'un filet en zigzag qui borde la fibule, dont la surface était dorée sauf ce filet. Derrière la fibule on remarque, sur trois côtés de la plaque supérieure, une inscription gravée au trait d'une finesse extrême tracée en caractères runiques.

1567. — Une fibule argent.

Elle semble faire pendant à la précédente, était d'une dimension un peu plus forte, à en juger par la partie supérieure, celle inférieure brisée sous la courbure est absente. Elle est d'un travail analogue à la précédente mais ne porte aucune trace d'inscription.

1568. — Une fibule en argent doré.

Elle porte quatre rayons à sa partie supérieure. Cette partie, semi-circulaire, est ornée de petits dessins contournés toujours saillants. La tige et les rayons présentent des filets disposés perpendiculairement et transversalement. On remarque sur la courbure et l'extrémité inférieure une partie incrustation métallique.

1569. — Deux fibules argent.

Ces deux fibules n'offrent que trois rayons.

Une fibule bronze.

Présentant un milieu étroit et fortement recourbé et dont les deux extrémités plates et élargies sont simplement arrondies ou tréflées et ornées de trois petits anneaux tracés en creux sur les parties plates des extrémités.

1570. — Trois fibules en bronze avec chaînettes.

Ces chaînettes de bronze sont à l'extrémité opposée de l'épingle terminées par un double crochet.

1571. — Une fibule en bronze doré enrichie de pierreries.

Cette fibule est entièrement plaquée d'or ; ses extrémités octogonales sont chargées d'ornements contournés, parmi lesquels on distingue quatre têtes de serpent ou animal fantastique. Huit grenats forment les yeux de ces têtes imaginaires ; un neuvième grenat est placé au centre et en saillie sur la courbure ornée elle-même de plusieurs rangées de perles et de losanges très délicats.

1572. — Une grande fibule romaine en bronze.

Cette belle fibule est évidemment de fabrication romaine, elle est formée d'un disque de 0^{m}06 de diamètre. Du centre de ce disque orné de petites arcatures gravées, part une bande courbée rejoignant un tube placé horizontalement au-dessus de la fibule. Dans ce tube est enfermé un ressort en fil de bronze tourné en spirale, dont l'une des extrémités forme l'épingle et s'accrochait derrière une bande à l'extrémité inférieure ornée de cannelures comme la partie supérieure.

1573. — Une fibule bronze (fragment).

Semble affecter la forme crucifère et se rapprocher aussi du style romain.

1574. — Six petites fibules circulaires en bronze.

1575. — Deux autres fibules.

L'une présente un petit chien et l'autre est demi-circulaire allongée ornée d'un filet en zigzag.

1576. — Une fibule bronze en forme de croix.

Remarquable par sa forme exceptionnelle, les branches y sont inégales et au lieu de l'épingle mobile porte deux petits crochets recourbés placés sous les deux branches supérieure et inférieure.

MÉDAILLONS

Les fouilles de Charnay en ont produit neuf :

1577. — Le plus grand de ces médaillons présente sur sa face une petite croix à branches égales composées de quatre grenats carrés, le fond présente tout autour des demi-cercles en filigrane, le dessus porte une bélière pour le suspendre.

1578. — Trois de ces médaillons, en tout semblables, sont ornés d'un petit grenat quadrangulaire dont l'une des pointes touche la bélière, et de deux petits émaux blancs placés au bas dans les deux festons découpés à l'extrémité.

1579. — Deux médaillons circulaires en or, plus petits que les précédents sont ornés sur la face de dessins en filigrane.

1580. — Trois petits médaillons circulaires en or, le haut terminé comme les précédents par une bélière, la face ornée de petits anneaux en filigrane.

COLLIERS

La collection comporte vingt et un colliers formés de grains d'ambre, de verres transparents, de pâte de verres coloriés, d'émail, de terre cuite émaillée ou non émaillée, les grains variés de grosseur de forme, d'ornements et de couleurs, les petits de la grosseur d'une tête d'épingle, les plus gros de la grosseur d'une petite noix.

1581. — Collier formé de grains d'ambre de diverses grosseurs.

1582. — Collier composé de 54 petits grains, dont 38 de forme tout à fait ronde, isolés ou réunis, et adhérant par deux, trois, quatre et cinq.

Ces petites perles rondes en verre sont d'une fabrication particulière ; elles paraissent avoir été moulées et soufflées ; on a introduit dans l'intérieur une petite feuille d'argent ou matière métallique qui donne à l'extérieur un aspect chatoyant. Ces petites perles sont séparées alternativement par des grains minces et allongés en émail bleu et vert; l'aspect du collier rappelle assez exactement les parures en grains que l'on trouve sur les momies égyptiennes.

1583. — Dix-neuf colliers de terre cuite émaillée à grains variés de grosseur.

BOUTONS

1584. — La collection se compose de 20 boutons de même matière que les grains de colliers, ils n'en ont pas la forme exactement pareille, ils sont plus gros et de forme semi-sphérique ; ils ne présentent qu'une face ornée et arrondie, l'autre est plate et sans ornement; un trou où devait passer quelque chose pour fixer cet objet, le traverse de part en part.

BOUCLES D'OREILLES

1585. — Une seule boucle d'oreille entière a été trouvée à Charnay, c'est un fil de bronze assez fort qui forme un cercle de 0^{m}045 de diamètre : l'une des extrémités de ce fil est aplatie et percée d'un trou dans lequel vient s'ajuster l'autre extrémité recourbée en crochet.

1586. — Six pendants en forme de poire, dont cinq sont en ambre et un seul en bel émail bleu foncé, ces pendants sont percés dans toute leur longueur.

ÉPINGLES A CHEVEUX

1587. — Six épingles à cheveux, elles ont toutes la même forme et sont exactement semblables pour la matière et pour le travail, c'est une boule en métal vide à l'intérieur, formée de deux parties semi-sphériques dont la réunion est si bien opérée, qu'il est impossible d'en distinguer la trace. La tige ou épingle est ajustée au centre de l'une des demi-sphères. La boule est parfaitement ronde, unie et entièrement dorée.

1588. — Les fouilles de Charnay n'ont produit que six bagues, deux en argent, les autres en bronze. La première est formée d'un anneau plat qui s'élargit sous un chaton orné de deux losanges accouplés ; un double fil d'argent est soudé sur l'anneau, et ses extrémités, arrondies en forme de petites volutes, accompagnent le chaton.

1589. — L'autre bague en argent porte un anneau large et plat, dont le chaton carré, gravé en creux, offre un oiseau à gros bec rappelant le toucan. Les bords de l'anneau et du chaton sont ornés d'un rang de petites perles. De chaque côté du chaton sont gravées trois petites feuilles, et sur la partie opposée au chaton un petit bouton saillant.

1590. — L'une des bagues de bronze porte un large chaton circulaire, au centre duquel est un émail bleu entouré d'un cercle de petites perles ; un autre cercle cordé environne celui-ci, et le bord du chaton est coupé en biseau ; l'anneau est fait d'un gros fil rond.

1591. — Une autre bague, dont l'anneau est formé d'un fil un peu moins gros, porte un chaton hexagone sur lequel est gravé un monogramme de trois lettres romaines N. S. E.

1592. — Deux autres bagues de formes dites chevalières, portant sur leur chaton des gravures presque entièrement effacées, n'offrent qu'un simple anneau sans ornements.

BRACELETS

1593. — Deux bracelets, recueillis dans les fouilles de Charnay, ont un cachet tout à fait romain, l'un d'eux surtout porte les caractères de l'armilla, c'est un gros fil de bronze strié et arrondi dont les extrémités se croisaient sur le bras.

1594. — L'autre bracelet est également formé d'un fil de bronze mais uni et arrondi, dont les extrémités plus fortes que le corps du bracelet, au lieu de se croiser, se trouvent vis-à-vis l'une de l'autre et laissent à l'anneau une solution de continuité qui permettait de l'élargir ou de le resserrer avant et après son introduction au-dessus du poignet.

1595. — Trois fragments de bracelets en émail ou pâte de verre.

SABRES OU COUTELAS

1596. — 20 pièces plus ou moins conservées, quelques-unes ont jusqu'à 0^m70 de long, la lame droite à un seul tranchant est forte et large.

1597. — 6 lames d'épées à deux tranchants, deux sont munies de leur poignée.

LANCE COUTELAS

1598. — 1 seule lance coutelas a été trouvée à Charnay, sa forme est celle d'un coutelas, n'a qu'un côté tranchant ; mais une douille de forme carrée placée à sa base nous indique qu'elle s'ajustait sur une hampe.

LANCES OU FRAMÉES

1599. — 25 lances, il n'y en a pas deux exactement semblables, elles diffèrent surtout de longueur, la plus petite a environ 0^m22 et la plus grande 0^m75. Toutes sont munies d'une douille, quelques-unes sont ornées d'une tête en cuivre ronde et saillante.

1600. — 2 de ces fers sont plus remarquables que les autres, ils semblent se rapporter à la description de l'angon. Ces angons sont des fers de lance dont le haut est pointu, tandis que le bas est muni de crochets qui prennent naissance au-dessus de la douille, l'un de ces fers est myrtiforme, l'autre carré diminuant progressivement vers la pointe.

DARDS OU JAVELOTS

1601. — 4 dards, ils sont barbelés, montés sur une longue tige, terminés par une douille destinée à recevoir une hampe, le plus long de ces dards mesure 1^m14, le plus petit 0^m72.

FERS DE FLÈCHES

1602. — Les fouilles ont présenté 19 fers de flèches, plusieurs sont réunies par groupes de deux, quatre et cinq collés ensemble par l'oxyde, leur forme est celle des lances, munies d'une petite douille où s'ajustait le bois de la flèche, elles sont variées de dimensions.

HACHES OU FRANCISQUES

1603. — 12 haches, deux ont le fer recourbé et s'élargit du côté du tranchant, celle qui vient ensuite est droite, uniforme des deux côtés, évasée légèrement près de la tête, une autre forme est remarquable par l'étendue de la partie tranchante qui n'a qu'une pointe en haut, le bas coupé horizontalement, les autres haches sont toutes de fer à un seul tranchant

PETITS COUTEAUX OU POIGNARDS FER

1604. — Ces couteaux ou poignards accompagnaient presque toujours le coutelas ou sabre, plusieurs sont soudés à la grande lame par l'oxyde, la collection en compte une dizaine plus ou moins bien conservés.

1605. — La collection présente aussi un échantillon de monture de fourreau qui était une espèce de gaine formée de deux plaques de bois mince recouvertes de cuir, et réunies par une *petite bande de fer ou de bronze rabattue de chaque côté*, fixée par de petits clous, c'est avec des débris ramassés dans trois tombes qu'il a été possible de reconstituer une monture.

1606. — Un mors de cheval.

<small>Ce mors divisé en deux branches porte à ses extrémités deux forts anneaux en bronze dans lesquels la bride était fixée.</small>

1607. — Grandes plaques à boucles en fer.

<small>Ces grandes plaques sont carrées, un peu plus étroites et quelques-unes arrondies à l'extrémité, ces larges plaques sont richement ornées : le fer est revêtu extérieurement d'une feuille d'argent très mince qui présente des ornements les plus variés, tels que entrelacs, chevrons, losanges, zigzags, enroulements, rubans, agencés de différentes façons. Ces lignes capricieuses et bizarres sont toutes formées de deux manières ou d'un simple trait noir, ou de deux traits entre lesquels est un pointillé de cette forme ▭▭▭▭.</small>

Les fouilles de Charnay ont fourni une grande quantité de ces boucles de fer plus ou moins bien conservées, la rouille les a pour la plupart boursouflées ; plus ou moins ornées, quelques-unes portent des traces d'incrustations de petites pierres que l'oxydation a fait sortir de leurs cavités ; d'autres sont parsemées de petites bossettes en argent. Toutes les boucles portent l'anneau mobile ainsi que l'ardillon réunis par une charnière, la collection compte plus de soixante de ces grandes boucles.

1608. — Boucles en bronze.

<small>Ces boucles sont moins communes que celles en fer, et n'atteignent pas des proportions aussi considérables, la plus grande porte un anneau de 0^m05 sur 0^m08 et les plaques ont</small>

chacune 0ᵐ11, c'est la seule de cette dimension, elle est étamée et n'a pour ornements que trois bossettes fixées par des rivures, ces bossettes très saillantes sont ornées de rayons qui vont du centre aux extrémités, entourées d'un cercle de petites perles. Les autres agrafes sont dépourvues de contre-plaques et n'ont pas plus de 0ᵐ10 en tout.

1609. — Une autre boucle en bronze présente au milieu de la plaque une tête de mort environnée de cercles concentriques formés de petites perles grecques, zigzags qui s'étendent sur toute la surface de cette plaque.

1610. — Une autre offre une manière de croix dans son milieu, et est bordée circulairement d'un rang de petits anneaux formés d'un trait et pointés au centre.

1611. — Trois agrafes en bronze à plaques découpées à jour représentent le même sujet : ce sont des griffons ailés dont l'un paraît boire dans une auge, d'un dessin très grossier.

1612. — D'autres boucles en bronze de forme plus allongée sont au nombre de neuf.

La première n'a pas de charnière, la plaque et l'anneau de forme carrée sont d'une seule pièce ; l'ardillon seul est mobile ; une autre est incrustée de petits ornements en argent retenus par un mastic. Les trois bossettes ou têtes de clous sont tombées de leur cavité.

1613. — Une autre d'un travail très fin présente à l'extrémité de la plaque bordée d'un rang de petites perles une branche de feuillage.

1614. — Une autre en bronze qui fut dorée porte autour de ses plaques une bordure composée de têtes de serpents.

1615. — Les boucles simples, composées seulement d'un anneau traversé par un ardillon, vont encore en diminuant de grandeur, quelques-unes de bronze ont un ardillon en fer, elles sont aussi variées de formes, ovales, rondes, carrées, leurs ornements sont variés, mais la plupart sont unies.

1616. — Ornements de baudrier.

Ces ornements sont de toutes sortes de formes, ce sont de petites plaques d'argent, de fer, de bronze doré ou argenté souvent simplement étamé, plus ou moins saillantes, carrées, ovales ou rondes, unies ou gravées portant par derrière un appendice qui traversait le cuir ou le tissu, et y étaient retenues par une goupille, d'autres par un rivet.

1617. — Ceinture (objets qui y étaient attachés).

Elle était serrée à la taille par les boucles dont nous avons parlé plus haut, à la ceinture étaient suspendus divers objets, ciseaux, peignes, pinces à épiler, des briquets avec leur silex, des pierres à aiguiser et une bourse. Tous ces objets étaient suspendus à l'aide de courroies munies de boucles, il y en a de toutes formes, dimensions et matières, fer, bronze, argent, patin et même une en verre dont l'ardillon est en bronze.

OBJETS DIVERS

1618. — Moule en bronze.

C'est une petite plaque de bronze, de 0^m004 d'épaisseur et de 0^m03 de diamètre, présente un dessin en creux, en forme de croix pattée à branches égales, chaque canton de la croix offre un anneau perlé au centre duquel est une perle plus forte, ce moule servait probablement à estamper les fibules.

1619. — Rondelle en bronze.

Elle a 0^m09 de diamètre, formée de trois cercles concentriques. Du centre partent huit rayons découpés en manière de foudres ornés de rayures pointillées, faisant partie probablement d'un harnais de cheval.

1620. — Plaque découpée à jour.

Son extrémité la plus étroite disposée en bélière, les ornements contournés.

1621. — Cinq pinces à épiler en bronze, nous avons dit plus haut qu'elles étaient suspendues à la ceinture.

1622. — Deux styles en bronze.

1623. — Trois paires de ciseaux en fer, une seule est bien conservée, les deux autres sont en débris.

1624. — Aiguillettes ou terminaisons de courroies.

Ce sont des lames de métal en argent, bronze et fer de forme plate allongée et fendue dans le haut pour recevoir l'extrémité de la courroie fixée par un ou plusieurs rivets. La collection en présente, une en argent, une en fer, les autres en bronze.

ORNEMENTS INDÉTERMINÉS

1625. — Parmi ces ornements nous distinguons une suite de 7 petits tambours de 0^m022 de large sur 0^m010 de haut entourés à leur base d'un cercle de perles; une petite queue formée d'un fil plat recourbé qui est ajustée et servait à fixer ces ornements sur l'étoffe au moyen d'un cordon.

1626. — Une autre suite de huit plaques portant un grenat plat carré serti dans un entourage de bronze doré de 0ᵐ05 de large.

    Ces plaques étaient fixées sur une bande de cuir par des petits anneaux qui n'existent plus. Deux de ces plaques portent des boucles, un neuvième morceau de cette parure brisé aux deux bouts, il est formé de quatre tables de grenat taillées en écailles de poisson, serties dans le bronze.

1627. — Un couteau à pied.

    Cet instrument destiné à trancher le cuir est exactement semblable à celui de nos selliers, un autre couteau de forme bizarre avait sans doute le même usage.

1628. — Un tube en bronze.

    Ce tube est strié circulairement, a dû faire partie d'une bélière.

1629. — Clous en fer, provenant sans doute d'un coffret détruit par le temps.

    Trois aiguilles ? de fer, elles mesurent de 0ᵐ03 à 0ᵐ15 de long, la partie supérieure est percée d'un trou, l'extrémité devait se terminer en pointe.

1630. — Onze anneaux en bronze et en fer, les uns ronds, d'autres formant de petits cercles plats de dimensions variées.

1631. — Cinq crochets d'attache en fer, les archéologues ne sont pas d'accord sur l'usage de ces pièces.

    Il a été trouvé très peu de pièces de monnaies, dix-neuf en tout, voici leur description. Trois pièces gauloises, quatorze romaines, deux barbares ou semis romains.

1632. — Monnaie gauloise en potin, tête de femme à gauche, R/ cheval sans frein.

    Monnaie gauloise en potin, tête de femme, à gauche, R/ sanglier.

    Monnaie gauloise en cuivre, tête à gauche, R/ indéterminé.

1633. — Monnaie romaine argent. Imp. Alexander, pius aug. tête laurée, R/ RM. T. RP. X Cos III PP.

    Monnaie romaine, petit bronze Constantinus P.P. aug. tête laurée à droite, R/ soli invicto Comiti.

    Parmi les autres pièces citons Crispina, Tetricus et Gallien, deux moitiés de grands bronzes.

1634. — Deux monnaies barbares.

    La première est en or pur, on peut la décrire ainsi, tête diadémée à droite, légende

VTA Ɔ. VTVNTI. R/. VII V ⁝ INTV. Ange surhaussé d'une marche sur laquelle on lit ANI. L'autre est en or fourré ou cuivre plaqué d'or, circonstance extrêmement rare, tête à droite. R/ Victoire ailée ou ange assis, sous le siège, on lit : ONO.

VASES EN BRONZE

1635. — Cinq sont entiers, deux autres sont en morceaux.

<small>Ce sont de vastes bassins de forme circulaire et un plateau ovale, le plus grand porte 0^m33 de large, sur 0^m07 de profondeur. Le plus petit 0^m25 sur 0^m06, ils contenaient des débris de nourriture. Quatre de ces bassins sont munis d'un rebord, l'un est orné de perles repoussées, les autres ont le rebord uni et étroit, plusieurs ont été étamés.</small>

1636. — Le plateau est de forme originale presque ovale ayant 0^m26 sur 0^m23, n'a que 0^m014 de profondeur. Le fond est marqué d'un trait gravé parallèlement aux contours du bord qui s'élargit aux deux extrémités.

1637. — Deux montures de seaux en fer, ces montures cerclaient des douelles en bois, la partie supérieure était plus large et l'anse y est attachée.

VASES EN VERRE

Le nombre des vases en verre recueillis à Charnay s'élève à trente ; sept d'entre eux de forme semi-sphérique, les uns sont unis à côtes droites et saillantes, d'autres à rayures inclinées en manière de spirales. Leur dimension varie peu, le plus fort porte 0^m115 de diamètre à l'ouverture.

1638. — Le plus petit 0^m072, ces vases devaient être posés sur un pied comme les cornues, les fonds étant arrondis.

1639. — Trois autres vases de verre paraissent avoir la même destination quoique de formes différentes.

<small>Ceux-ci sont étroits et allongés en manière de cônes tronqués et renversés. Un seul légèrement renflé dans son milieu repose sur un pied délicat, le verre en est mince et fragile (il est brisé), cinq autres ont la forme d'ampoule comme les anciennes fioles à médecine.</small>

1640. — Deux autres à base ovoïde à large goulot, ouverture évasée, verre de couleur claire et ornés de bandes ondulées superposées soit verticalement soit horizontalement en manière de cercles.

1641. — Deux autres, ceux-ci accompagnaient ceux décrits ci-dessus, sont de même matière et ornementation munis d'une oreille où l'on pouvait passer un cordon.

1642. — Un vase en verre de couleur foncée à la forme d'un disque dont le fond étroit et saillant demandait à être posé sur un pied.

1643. — Dix autres verres de diverses dimensions.

VASES EN TERRE

1644. — Il a été recueilli dans les sépultures de Charnay près de cinq cents vases de terre.

> Près de trois cents bien conservés présentent les caractères de la céramique barbare, la pâte n'est pas très fine, la couleur est noire, grise et quelquefois jaune, les bords sont droits et non rabattus comme dans les vases gallo-romains, leur forme est le cornet à base sphéroïdale, les neuf dixièmes des vases appartiennent à ce type, variant de dimensions, la hauteur, la largeur, et séparant quelquefois la base du cornet supérieur on retrouve la même forme rudimentaire.
>
> Quelques-uns s'éloignent cependant de ce type, ce sont des bouteilles à larges panses, et à cols étroits, les petites terrines, les cruches à goulot, les pots à queue arrondie; une petite tasse évasée portant deux lettres tracées à la pointe P. E.
>
> Ces poteries ne sont recouvertes d'aucun vernis, les ornements, qui parfois décorent ce vase, sont faits à la molette du potier.
>
> Un vase, recueilli dans les fouilles de Charnay, est d'origine gallo-romaine, la pâte en est fine, rouge et recouverte d'un vernis ; sa forme allongée à base étroite et ses ornements saillants consistent en larmes parsemées sur sa surface.
>
> Il a été également trouvé dans les fouilles de Charnay un fragment de poterie rouge à sujets moulés en bas-relief, sur lequel on voit un cerf fuyant, l'extrémité postérieure d'un lion et les jambes d'un personnage.
>
> Telle est la collection que les hasards des successions met tout en vente aux enchères publiques, disons qu'elle est le résultat de vingt années de travail, de direction et d'observation, n'épargnant ni l'argent, ni le temps, ni la peine, et étendant encore les recherches sur toutes les sépultures des temps mérovingiens qui ont été découvertes en Bourgogne.
>
> Nous donnons maintenant la description des objets de même nature qui ont été trouvés à Brochon, et en d'autres territoires de la Côte-d'Or.

BROCHON 1846

1645. — Une paire de boucles d'oreilles en or.

> Elles sont composées d'un anneau en or creux dans lequel est introduit un fil de bronze, la boule est faite avec des petites lamelles d'or très minces, qui forment sur les quatre facettes principales de la boule autant de quadrilles à jour, l'intérieur de cette boule vide est traversé par l'anneau fixé à son extrémité par une sorte de rivure entourée d'un cercle de perles ; de petites têtes de rivures trilobées semblent réunir ces lamelles.

Toutes les autres boucles d'oreilles, la plupart réunies par paires, ont la même forme. L'anneau arrondi porte à l'une de ses extrémités la petite boucle massive taillée à facettes.

1646. — Deux paires sont dorées, portent dans la facette la plus en vue une petite pierre ou verroterie incrustée.

1647. — Dans trois des autres boucles en argent non doré on voit une incrustation noire qui rappelle la niellure.

<small>Cet ornement, qui est ici représenté sur les principales facettes de la boule, représente dans l'une des croix et dans les deux autres de petits croissants réunis par quatre.</small>

1648. — Dix fibules ont la forme allongée et portent presque toutes des rayons qui se développent dans la partie supérieure semi-circulaire, quelques-unes sont ornées de pierreries retenues par une sertissure rabattue; des ornements, zigzags, méandres, lignes ponctuées croisées et contournées gravées et saillantes décorent ces fibules.

1649. — Dix fibules présentent des oiseaux à bec crochu, les ornements variés, l'œil est formé d'une pierre rouge, quatre sont dépourvus de pattes et n'ont de l'oiseau que la queue et le bec, une bande d'argent non dorée longe le corps, est décorée de petits ornements tracés par un procédé de niellure, sept ont des griffes et quatre la forme d'un poisson.

1650. — Cinq autres fibules offrent des petits chevaux en argent et en cuivre doré, deux portent des traces de bride, un autre a le corps garni d'un surfaix, deux autres représentent des animaux fantastiques : leur tête est celle du léopard, le corps terminé par une queue de serpent enroulée et tréflée à son extrémité.

1651. — Deux fibules de bronze sont contournées dans la forme d'un S, terminées par une tête de serpent.

1652. — Deux fibules en fer sans ornements, composées d'un fil aplati à l'extrémité amincie, et, enroulé dans la partie supérieure qui fait ressort.

1653. — Une épingle à cheveux en argent présente à sa partie supérieure le corps d'un oiseau à bec crochu, au milieu du corps on voit une petite croix gravée.

1654. — 10 grains de collier, en verre transparent, terre cuite et en émail; un bouton en terre cuite émaillée, plat d'un côté, bombé de l'autre, orné de trois cercles concentriques tracés en zigzag.

1655. — Huit petites aiguillettes plates, ou extrémités de courroie; deux sont en argent doré, quatre en argent et deux en bronze doré.

1656. — Deux autres petites pièces se terminant en pointe indéterminées.

1657. — Dix anneaux en bronze de petite dimension sans ornement, un seul en argent portant un cercle perlé.

1658. — Deux fragments de peigne en os.

1659. — Un disque en os de 0^m04 de diamètre sur 0^m009 d'épaisseur.

Cet objet fait au tour porte sur son épaisseur une moulure arrondie entre deux filets saillants, la face ornée de quatre demi-cercles formés de lignes ponctuées entre deux traits gravés en creux, deux cercles l'un ponctué l'autre gravé sont tracés sur le bord de ce disque, le centre est percé de part en part.

1660. — Une garniture en bronze d'un petit coffret dont les charnières sont en fer.

1661. — Huit pièces de monnaies.

Une gauloise bronze tête à gauche à double bandeau perlé, R/ cheval abattu, surmonté d'un annelet pointé, sept romaines petit et moyen bronze parmi lesquelles on distingue un Antonin M. B. et un Constantin le Grand P.B.

Les pièces suivantes ont été trouvées sur différents territoires de la Côte-d'Or.

1662. — Une paire de boucles d'oreilles en or d'un fin travail de filigrane d'or.

La boucle en forme de corbeille, le haut orné de six petits tubes renfermant des pierres fines grenat, et un plus grand central, la plupart de ces tubes ont perdu leur pierre, le dessous de la corbeille est muni d'un petit anneau destiné à recevoir un pendant.

1663. — Une boucle en or trouvée à Fauverney en 1854.

1664. — Une fibule circulaire festonnée en or, mérovingienne.

Elle est plate, le bord festonné orné de trois grenats triangulaires dont la pointe est tournée vers le centre, et de cinq petits cabochons en émail bleu, le fond orné de dessus en filigrane d'or, au centre un petit cabochon émail autour duquel étaient fixés quatre autres cabochons manquants.

1663. — Une boucle d'argent en forme de B.

Le jambage et l'ardillon sur lequel il est fixé sont unis, la face du B présente des rayures profondes creusées régulièrement comme une râpe.

1666. — Une agrafe en fer plaqué d'argent, trouvée à Puligny en 1810.

La longueur totale de cette agrafe est de 0^{m}21 sur 0^{m}08 de large, la plaque d'argent présente des dessins entrelacés formés de traits et de pointes.

1667. — Une plaque d'agrafe en bronze, trouvée à Saint-Jean-de-Losne, en 1818.

Cette plaque est ornée d'un dessin gravé représentant un cheval près duquel est un personnage les bras élevés au-dessus de l'animal, le fond est pointillé, traversé par des bandes unies dont les deux côtés sont arrêtés par un trait tracé en creux et formant des demi-cercles. Le bord présente neuf bossettes dont les deux plus grosses rapprochées de la charnière représentent des têtes tout à fait rudimentaires, la bossette de l'extrémité qui devait être plus forte que celles des côtés est absente.

1668. — Quatre autres agrafes en bronze gravé mais beaucoup plus petites présentent des dessins variés, tracés au trait et en pointillé.

1669. — Dix petites boucles en bronze et une en argent.

1670. — Une pince à épiler, comme celles que nous avons décrites dans la note des objets trouvés à Charnay.

1671. — Une fibule en fer, et deux clés.

1672. — Une croix bronze, la branche inférieure est brisée, trouvée à Beire.

MÉDAILLES

Ce médaillier est composé d'environ cinq mille monnaies que nous avons divisées ainsi qu'il suit ; savoir :

MONNAIES GRECQUES.

1673. — 2 pièces Athènes, tétradrachmes.
1674. — 17 pièces Corinthe, didrachmes.
1675. — 4 pièces Alexandre de Macédoine, tétradrachmes et divisions.
1676. — 1 pièce Pyrrhus, tétradrachme.
1677. — 2 pièces Provinces romaines de Macédoine, tétradrachmes.
1678. — 1 pièce Séleucus.
1679. — 1 pièce Tarente, didrachme.
1680. — 2 pièces Ptolémée d'Egypte, tétradrachmes.
1681. — 1 pièce Néron et Popée.
1682. — 2 pièces Campaniennes.
1683. — 10 pièces diverses, tétradrachmes.
1684. — 36 pièces diverses, divisions.

MONNAIES GRECQUES D'EGYPTE ET AUTRES.

1685. — 90 pièces, argent, potin moyens et petits bronzes.

MONNAIES D'OR ROMAINES.

1686. — Trajan, R/ P. M. T. R. P., cos III, P. P. aureus.
1687. — Constans II, R/ Gloria reipublicæ, sou d'or.
1688. — Valentinien Ier R/ Restitutor reipublicæ, sou d'or.
1689. — Valentinien III, R/ Victoria augg., sou d'or.
1690. — Honorius, R/ Concordia augg., T. sou d'or.
1691. — Zenon, R/ Concordia augg., Triens.
1692. — Anastase, R/ Concordia augg., Triens.
1693. — Imitation d'Anastase, Triens.
1694. — Imitation barbares, R/ augustorum Triens.
1695. — Justinien R/ Victoria augg., Triens.
1696. — Héraclius et Héraclius Constantin R/ augustorum, sou d'or.

MONNAIES D'ARGENT DE LA RÉPUBLIQUE ROMAINE.

1697. — 67 deniers de la République.
1698. — 5 quinaires d'argent de la république.

MONNAIES D'ARGENT, HAUT EMPIRE

1699. — 45 pièces d'argent haut empire et république.
1700. — 69 pièces d'argent haut empire.
1701. — 59 pièces d'argent haut empire.
  Seront divisées.

HAUT EMPIRE ROMAIN (BRONZES).

1702. — 436 pièces grands bronzes.
1703. — 200 pièces moyens bronzes.
  Seront divisées.

BAS EMPIRE.

1704. — 46 pièces moyens bronzes.

ROMAINES ET COLONIALES.

1705. — 90 pièces bas empire, iv° siècle, petits bronzes.

MONNAIES ROMAINES.

1706. — 95 pièces billon deniers, iii° siècle.
1707. — 90 pièces billon deniers, iii° siècle.
1708. — 90 pièces billon deniers, iii° siècle.
1709. — 90 pièces billon deniers, iii° siècle.
1710. — 90 pièces petits bronzes, iii° et iv° siècles.
1711. — 100 pièces petits bronzes, iii° et iv° siècles.
1712. — 100 pièces moyens et petits bronzes.
1713. — 50 pièces moyens et petits bronzes, iii° et iv° siècles.
1714. — 100 pièces moyens et petits bronzes, iii° et iv° siècles.
1715. — 100 pièces moyens et petits bronzes, iii° et iv° siècles.
1716. — 100 pièces moyens et petits bronzes, iii° et iv° siècles.
1717. — 100 pièces moyens et petits bronzes, iii° et iv° siècles.
1718. — 100 pièces moyens et petits bronzes, iii° et iv° siècles.
1719. — 100 pièces moyens et petits bronzes, iii° et iv° siècles.
1720. — 100 pièces moyens et petits bronzes, iii° et iv° siècles.
1721. — 90 pièces potins d'Alexandrie.

MONNAIES GAULOISES.

1722. — 6 pièces en or.
1723. — 95 pièces diverses en argent.
1724. — 92 pièces diverses potin et bronze.

MONNAIES, MÉROVINGIENS.

1725. — 18 pièces imitation barbare, romaines et mérovingiennes en or.
1726. — 1 pièce Saiga d'argent.

MONNAIES FÉODALES.

1727. — 22 pièces de Bourgogne.
1728. — 26 pièces de Lorraine.
1729. — 4 pièces de Metz.
1730. — 22 pièces de Franche-Comté.
1731. — 11 pièces de Lyon.
1732. — 100 pièces diverses, Avignon, Maguelonne, Toulouse, Flandres, etc.
1733. — 4 pièces de Béarn et Navarre.
1734. — 1 pièce des Dombes (teston).
1735. — 1 pièce obsidionale Cambray 1581, cuivre.

MONNAIES DE BOURGOGNE.

1736. — 1 pièce Philippe le Bon, lion d'or.
1737. — 1 pièce Philippe le Bon, cavalier d'or.
1738. — 1 pièce Charles le Téméraire, florin d'or.

MONNAIES FRANÇAISES OR.

1739. — 1 pièce Charles le Bel, royal d'or.
1740. — 1 pièce Philippe VI, chaise d'or.
1741. — 3 pièces Philippe VI, écus d'or.
1742. — 1 pièce Philippe VI, ange.
1743. — 2 pièces Jean, franc à pied.
1744. — 2 pièces Jean, franc à cheval.
1745. — 2 pièces Jean, Agnels.
1746. — 4 pièces Charles V, florins.
1747. — 1 pièce Charles V, franc à pied.
1748. — 1 pièce Charles V, franc à cheval.
1749. — 1 pièce Charles VI, franc à pied.
1750. — 1 pièce Charles VI, écu d'or.
1751. — 6 pièces Henri VI d'Angleterre, saluts d'or.
1752. — 1 pièce Charles VII, écu d'or.
1753. — 1 pièce Charles VIII, écu au soleil.
1754. — 1 pièce Louis XII, écu au soleil.

1755. — 1 pièce Louis XII, écu au porc-épic.
1756. — 1 pièce Louis XII, écu du Dauphiné.
1757. — 1 pièce François Ier, écu au soleil.
1758. — 1 pièce François Ier, écu du Dauphiné.
1759. — 1 pièce François Ier, écu à la croix blanche.
1760. — 1 pièce Henri II, Henri d'or.
1761. — 1 pièce Charles IX, écu au soleil.
1762. — 1 pièce Louis XIII, écu au soleil.
1763. — 1 pièce Louis XIV, demi-Louis busté poupard 1682.
1764. — 1 pièce Louis XIV, demi-Louis, 1691, frappé à Dijon.
1765. — 1 pièce Louis XV, demi-Louis mirliton, 1724.
1766. — 1 pièce Louis XV, demi-Louis à lunette.
1767. — 1 pièce pagode de Pondichéry.
1768. — 1 pièce Louis XVI, louis, 1786.
1769. — 1 pièce de 20 francs de Marengo.
1770. — 1 pièce Napoléon empereur an XII.
1771. — 1 pièce Murat de quarante francs.
1772. — 1 petite médaille de Napoléon an XIII.

Monnaies françaises, argent et billon.

1773. — Louis le Débonnaire, 7 deniers au temple.
1774. — Charles le Chauve, 2 deniers.
1775. — Charles le Chauve, 1 obole argent.
1776. — Carolingiens divers, 17 deniers.
1777. — Louis VI, Louis VII et Philippe-Auguste, 18 deniers.
1778. — Louis IX, 4 gros tournois.
1779. — Louis IX, 12 deniers.
1780. — Philippe le Bel, 9 gros tournois.
1781. — Philippe le Bel, 2 mailles.
1782. — Philippe VI, 1 gros tournois.
1783. — Philippe VI, 10 deniers tournois et parisis.
1784. — Jean, 3 gros et demis.
1785. — Charles V et Charles VI, 21 mailles blanches, blancs, doubles et deniers tournois.
1786. — Monnaies franco-anglaises, 7 blancs et doubles.
1787. — Charles VII, 28 blancs.
1788. — Charles VII, 5 doubles deniers.
1789. — Charles VIII, 7 blancs.
1790. — François Ier, 3 testons.

1791. — François Ier, 3 demi-testons.
1792. — François Ier, 4 blancs.
1793. — Henri II, 8 testons.
1794. — Henri II, 1 demi-teston.
1795. — Henri II, 22 blancs.
1796. — Charles IX, 9 testons.
1797. — Charles IX, 3 demi-testons.
1798. — Charles IX, 4 doubles sols parisis.
1799. — Charles IX, 4 sols parisis.
1801. — Henri III, 7 francs.
1802. — Henri III, 9 demi-francs.
1803. — Henri III, 4 quarts de francs.
1804. — Henri III, 4 quarts d'écu.
1805. — Henri III, 3 huitièmes d'écu.
1806. — Henri III, 4 gros de Nesle.
1807. — Henri III, 2 douzains.
1808. — Henri III, 2 doubles tournois.
1809. — Charles X, roi de la ligue, 3 quarts d'écu.
1810. — Charles X, roi de la ligue, 2 huitièmes d'écu.
1811. — Charles X, roi de la ligue, 4 douzains.
1812. — Charles X, roi de la ligue, 1 double tournois.
1813. — Henri IV, 2 francs de Navarre.
1814. — Henri IV, 17 demi-francs.
1815. — Henri IV, 7 quarts de francs.
1816. — Henri IV, 12 quarts d'écus de Navarre.
1817. — Henri IV, Béarn et Dauphiné.
1818. — Henri IV, 9 quarts d'écu.
1819. — Henri IV, 5 huitièmes d'écu de Navarre.
1820. — Henri IV, 7 huitièmes d'écu.
1821. — Henri IV, 4 doubles tournois.
1822. — Louis XIII, 1 demi-franc.
1823. — Louis XIII, 2 demi-écus blancs.
1824. — Louis XIII, 4 divisions d'écu.
1825. — Louis XIII, 1 quart d'écu.
1826. — Louis XIII, 2 huitièmes d'écu.
1827. — Louis XIII, 7 doubles tournois.
1828. — Louis XIV, 6 écus blancs.
1829. — Louis XIV, 1 demi-écu Carambole.
1830. — Louis XIV, 12 demi-écus divers.

1831. — Louis XIV, 8 quarts d'écus.
1832. — Louis XIV, 17 petites divisions d'écus.
1833. — Louis XIV, 17 pièces de quatre sous.
1834. — Louis XV, 1 écu vertugadin.
1835. — Louis XV, 1 écu de Navarre.
1836. — Louis XV, 8 pièces de 12 sous.
1837. — Louis XV, 12 pièces de 6 et 4 sous.
1838. — Louis XV, 3 pièces d'un sou.
1839. — Louis XV, 3 liards.
1840. — Louis XV, 4 pièces cuivre coloniales.
1841. — Louis XV, petite monnaie argent de Pondichéry.
1842. — Louis XVI, 1 écu de six livres.
1843. — Louis XVI, 2 demi-écus.
1844. — Louis XVI, 3 pièces de 24 sous.
1845. — Louis XVI, 4 pièces de 12 sous.
1846. — Louis XVI, 5 monnaies coloniales.
1847. — Louis XVI, 6 pièces d'un sou.
1848. — Louis XVI, roi constitutionnel, un écu de six livres.
1849. — Louis XVI, roi constitutionnel, 13 pièces monnaie cuivre.
1850. — République française, 1 écu de six livres.
1851. — République française, 1 sol aux balances.
1852. — République française, 8 centimes.

MONNAIES DIVERSES et MODERNES.

1853. — 19 pièces de confiance de 5 sols, Monneron.
1854. — 6 pièces, 2 décimes, 1 décime, 3 pièces de 5 centimes, 1 de 1 centime.
1855. — 15 pièces bronze de l'Empire.
1856. — 9 pièces d'argent de l'Empire.
1857. — 2 pièces bronze de Jérôme Napoléon.
1858. — 3 pièces argent divisionnaires de Murat.
1859. — 2 pièces décimes.
1860. — 3 pièces essais de monnaies.
1861. — 32 pièces monnaies d'argent d'Italie. Espagne.

RÉPUBLIQUE et EMPIRE.

1862. — 3 monnaies d'Espagne.
1863. — 12 pièces suisses, billon.
1864. — 20 monnaies obsidionales.
1865. — 16 pièces diverses en billon.

MONNAIES D'ALLEMAGNE et des PAYS-BAS.

1866. — 9 pièces bractéates allemandes.
1867. — 16 pièces d'or diverses.
1868. — 19 pièces diverses argent divisionnaires et billon.
1869. — 1 pièce allemande, 1605.
1870. — 1 pièce Bavière, 1774.
1871. — 28 pièces diverses petites monnaies.

FLANDRES.

1872. — Philippe III, 1 pièce d'argent.
1873. — Philippe IV, 2 pièces d'argent.
1874. — Philippe IV, 5 pièces de cuivre.
1875. — Albert et Isabelle, 1 pièce argent.

ANGLETERRE.

1876. — Elisabeth, 1 pièce d'argent, 1573.
1877. — Diverses, 6 pièces des xve et xvie siècles.
1878. — Charles II, 2 pièces argent.
1879. — Georges II, 1 pièce d'argent.
1880. — Georges III, 1 pièce argent.
1881. — Diverses, 4 pièces argent.

AUTRICHE-HONGRIE.

1882. — Marie-Thérèse, 3 grands écus.
1883. — Marie-Thérèse, 1 pièce argent divisionnaire.
1884. — Autriche-Hongrie, 5 pièces argent divisionnaires.
1885. — Lombardie, 2 pièces François.
1886. — François-Joseph, 2 thaler 1858 et 1864.
1887. — François II, 1 pièce Vénétie, 1800.

POLOGNE.

1888. — Casimir, roi de, 1 pièce 1649.

SAVOIE.

1889. — 4 pièces d'argent diverses.
1890. — 11 pièces billon et cuivre.

MILAN.

1891. — Philippe II, 6 pièces ducatons.
1892. — Alexandre Farnèse, 1 ducat, 1582.

PAPALES

1893. — Clément X, 1 grand écu.
1894. — Clément XI, petite pièce d'or.

ESPAGNE et PORTUGAL.

1895. — Charles-Quint, 1 ducat or.
1896. — Philippe II, 1 écu.
1897. — Philippe IV, 2 pièces d'argent.
1898. — Philippe V, 2 pièces d'argent.
1899. — Isabelle, 1 pièce d'argent.
1900. — Espagne, 1 grand écu, 1714.
1901. — Barcelone, 6 pièces diverses époques.
1902. — Ferdinand, 2 pièces de 1811.
1903. — Charles III, 1 pièce de 1811.
1904. — Portugal, 7 pièces d'argent.
1905. — Portugal, 3 pièces bronze.

SUISSE.

1906. — Berne, 1 écu 1798.
1907. — Berne, 5 monnaies divisionnaires.
1908. — Berne, Neuchatel, Soleure, etc. 9 pièces divisionnaires.
1909. — Genève, 19 pièces argent, billon divers.
1910. — Vaud et Lucerne, 6 pièces diverses.
1911. — Fribourg, 2 pièces divisionnaires.
1912. — Fribourg, 56 pièces diverses.
1913. — Confédération suisse, 2 pièces argent, 1702-1801.
1914. — De Prusse à Neuchatel, 9 pièces sous.

SUÈDE.

1915. — Christine, 1 grand écu.
1916. — Charles XI, 2 pièces d'argent.

RUSSIE.

1917 — Catherine, 2 pièces argent, 1782.
1918. — Catherine, 2 pièces bronze.

TURQUIE.

1919. — 50 pièces diverses, billon.

COLOMBIE.

1920. — Une pièce de 1820.

BOLIVIE.

1921. — Une pièce de 1828.

VICOMTES-MAYEURS DE DIJON

1922. — Collection de 103 maires de Dijon, ainsi qu'il suit :

Bénigne Martin	1560	J. Venot	1620
Bernard Desbarres	1561	Le Compasseur de Courtivron	1621
Bernard Desbarres	1575	Le Compasseur de Courtivron	1622
J. Lemarlet	1578	J. Tisserand	1623
G. Royhier	1581	J. Tisserand	1624
G. Royhier	1584	J. de Frasans	1625
J. Laverne	1590	Humbert	1627
B. Fremiot (Etain)	1591	Humbert	1628
J. Jaquinot	1595	Beuvrard	1629
De Frasans	1604	Terrion	1630
Joly	1605	De Frasans	1631
Pernot	1606	De Frasans	1632
De Loisie	1607	De Frasans	1633
De Frasans	1608	Tisserand	1635
F. Humbert	1610	F. Moreau	1636
N. Humbert	1611	F. Moreau	1637
N. Humbert	1612	F. Moreau	1638
J. Bossuet	1613	De Frasans	1639
J. Bossuet	1614	René Perret	1640
Esme Joly	1615	Terrion	1642
Est. Arviset	1616	P. Comeau	1643
Esme Joly	1616	J. Soirot	1645
Est. Arviset	1617	J. Soirot	1646
Fourneret	1618		
J. Venot	1619		

C. Bossuet	1647	J. Joly.	1689
De Mongey	1646	F. Baudot.	1691
M. Millotet	1651	Janon.	1693
Malcteste.	1652	F. Baudot	1694
Millotet	1653	F. Baudot	1701
Soirot.	1654	Clopin.	1705
Millotet	1654	N. Labotte.	1713
Millotet	1655	Baudinet.	1716
Sirdey.	1655	Est. Baudinet	1719
Sirdey.	1656	M. Baudinet.	1722
P. Comeau	1658	M. Baudinet.	1725
P. Comeau	1659	M. Baudinet.	1727
De Lacroix	1660	Ph. Baudot.	1730
De Lacroix	1661	P. Burteur	1733
De Frasans	1662	P. Burteur	1736
Guillaume	1663	P. Burteur	1739
B. Bouhier	1665	J. P. Burteur	1742
B. Bouhier	1666	J. P. Burteur	1745
J. Joly.	1667	J. P. Burteur	1748
J. Joly.	1669	Cl. Marlot	1751
Catin	1671	Cl. Marlot	1754
Baudinet	1675	N. Rousselot.	1763
P. Monin.	1678	N. Rousselot.	1766
B.-P. Baudinet	1679	Raviot.	1772
B.-P. Baudinet	1680	Raviot.	1775
J. Joly.	1681	Raviot.	1775
De Badière	1685	Raviot.	1778
De Badière	1686		

1923. — Onze pièces d'argent jetons de L. Moussier, 1787.

1924. — 7 jetons des maires de Beaune.

1925. — 1 Merreau (inédit plomb) de Beaune.

1926. — 1 jeton d'Auxonne, 1621.

1927. — 2 monnaies cuivre de Dijon de Pierre Canquoin, 1593 et 1595.

1928. — 3 jetons Parlement de Dijon, 1645.

    1 jeton écusson de gueule à la tour maçonnée et crénelée, sans date.

    1 jeton également sans date à une croix chargée de cinq pièces.

1929. — Quarante-cinq jetons des comices de Bourgogne comprenant trente-neuf années, ainsi qu'il suit :

ANNÉES	ANNÉES
1591	1695
1636	1698
1639	1701
1645	1704
1648	1704
1651	1710
1653	1713
1659	1715
1665	1719
1668	1722
1671	1725
1674	1728
1676	1731
1677	1735
1678	1740
1680	1743
1682	1746
2 pièces. — 1688	1749
2 pièces. — 1692	4 pièces. — 1752
1694	

1930. — Collection de 60 maires de Dijon de soixante années différentes de 1590 à 1775.

1931. — Sous ce numéro seront vendus plusieurs lots de médailles, monnaies et jetons divers.

1932. — Collection de conchyliologie.

1933. — Collection de plaques d'agates, de marbres, de pierres et de minéraux.

1934. — Sous ce numéro seront vendus divers objets omis dans le catalogue.

DIJON, IMPRIMERIE DARANTIERE
63, RUE CHABOT-CHARNY, 63

www.ingramcontent.com/pod-product-compliance
Lightning Source LLC
Chambersburg PA
CBHW050206230526
45470CB00001B/266